निदा फ़ाज़ली

उर्दू में 'निदा' शब्द का अर्थ "आवाज़' होता है–और निदा फ़ाज़ली सचमुच आज उर्दू की एक अत्यन्त लोकप्रिय, मनरंजक और मोतबर आवाज़ है। उनकी नज़्में, ग़ज़लें और उनके गीत तथा दोहे लोक-संवेदना, लोकभावना और लोकनाद की धड़कन, तड़पन, और ललकार लिए नज़र आते हैं। यह आवाज़ एक ज़िन्दा और धड़कती हुई आवाज़ है।

शायर निदा फ़ाज़ली तीन शहरों का बेटा कहलाने के हकदार हैं। एक है ग़ालिब और मीर की दिल्ली, दूसरा है तानसेन को अपनी साँसों में सँजोये ग्वालियर और तीसरा है सितारों की महफिल सजाने वालों की फिल्म-नगरी मुम्बई। इन तीनों ऐतिहासिक नगरों ने उनके कलाम को लहक, महक और स्वर-ताल दिया है।

निदा फ़ाज़ली की शायरी के अनेक रंग हैं। उनका कलाम अनेक ढंग से किया गया ज़िन्दगी का सफ़र है जिसमें शहर-गाँव, धूप-छाँव, बिजली-आँधी-तूफान, नाते-रिश्ते, बादल-बरसात-बसन्त, तिथि-पर्व-त्यौहार...गरज़ यह कि एक भटकते हुए बन्ज़ारे का मंज़रनामा है निदा की शायरी जो रवायत से अपनी ताकत बटोरती है और आधुनिकता से अपनी यारी निभाती है और इसीलिए उर्दू की आधुनिक शायरी निदा के बिना अधूरी है।

तो हाज़िर है उनके समूचे कलाम से चुने हुए शे'र, नज़्में और ग़ज़लें–जो आपके ज़हन पर छा जाएंगी। साथ ही सुप्रसिद्ध कवि-सम्पादक कन्हैयालाल नंदन का लिखा उनका जीवन-परिचय।

स्थापित 1912
100 वर्षों की
श्रेष्ठ प्रकाशन परम्परा
राजपाल

₹ 250

ISBN : 9789350641040

AAJ KE PRASIDDH SHAYAR : NIDA FAZLI
(Life-Sketch & Poetry)
Edited by K.L. Nandan
मुद्रक : जी.एस. ऑफसेट, दिल्ली

राजपाल एण्ड सन्ज़
1590, मदरसा रोड, कश्मीरी गेट, दिल्ली–110006
फोन : 011–23869812, 23865483, 23867791
website : www.rajpalpublishing.com
e-mail : sales@rajpalpublishing.com
www.facebook.com/rajpalandsons

आज के प्रसिद्ध शायर

निदा फ़ाज़ली

चुनी हुई नज़्में, ग़ज़लें, शे'र और जीवन-परिचय

संपादक

कन्हैयालाल नंदन

राजपाल

ज़मीं जो कहीं धूप, कहीं साया है

फ़ज़ल अल्लाह का, निदा फ़ाज़ली को मैं थोड़ा बहुत जानता हूँ। चाहूँ तो यह दावा भी कर सकता हूँ, उनकी रचनात्मकता को थोड़ा क़रीब से जानता हूँ और कह सकता हूँ कि वो मेरी पीढ़ी के अदीबों में उर्दू की ही नहीं, एशिया की अदबी ज़बानों की समकालीन आवाज़ हैं। उनसे मेरी अनगिनत मुलाकातें हुई हैं, उन्हें पढ़ा भी है और सुना भी। उनके साथ कवि सम्मेलनों-मुशायरों में शिरकत भी की और कभी-कभी थोड़ी गुफ़्तगू भी हुई, लेकिन निदा फ़ाज़ली को मैं ठीक-ठीक और पूरी तरह समझता हूँ, यह दावा करना ज़रा मुश्किल है। यह आलेख उन्हें सही ढंग से समझने की एक सच्ची कोशिश ज़रूर है। मैंने प्रायः यह कहा भी है और लिखा भी है कि कवि की असली पहचान उसकी कविता, उसका शब्द है। इसीलिए हम शायर के कलाम को ही उसकी पहचान मान कर चलते हैं। अपने आत्मकथात्मक उपन्यास की शुरुआत में निदा ने एक शेर पेश किया है :

आँख हो तो आईनाख़ाना है दहर
मुँह नज़र आते हैं दीवारों के बीच

अगर निदा की आँख से ही दुनिया को देखा जाये तो वह एक शीशों का घर है जिसकी दीवारों में भी सूरतें नज़र आती हैं।

अगर यह जानने की ख़्वाहिश हो कि निदा खुद को किस नज़र से देखते हैं तो 'दीवारों के बीच' पढ़ने की ज़हमत उठानी पड़ेगी। जिसका मुख्य पात्र स्वयं निदा हैं। उसमें उन्होंने बड़ी बेबाकी और कहीं-कहीं तो बड़ी बेदर्दी से अपना, अपने परिवार, अपनी दीन-ओ-दुनिया का नक़्शा खींचा है। अगर उनके नाम की व्याख्या करूँ तो 'निदा' का अर्थ है 'आवाज़'। और निदा बेशक आज उर्दू की एक लोकप्रिय, मनरंजन और मोतबिर आवाज़ हैं। उनके कविता संग्रहों 'तूफानों का पुल' और 'मोर नाच' में उनकी नज़्में, ग़ज़लें और उनके गीत तथा दोहे हैं जो लोक-संवेदना, लोक-भावना और लोकनाद की फड़कन, तड़पन, ललकार और चीत्कार लिये नज़र आएँगी। यह आवाज़ एक ज़िन्दा और 'फड़कती' हुई आवाज़ है।

उनकी जिद्दतपसंदी यानी नवीनता के प्रेम ने भूली-बिसरी यादों को एक नावेल का रूप दिया है। यह आत्मकथात्मक उपन्यास एक लम्बे सामाजिक और सांस्कृतिक दौर की दृश्य-कथा का आरम्भ है जिसमें स्वयं निदा फ़ाज़ली प्रमुख भूमिका निभानेवाले पात्र हैं। सबसे पहले निदा के इस अनूठे आत्मकथात्मक उपन्यास के माध्यम से निदा और उनकी लेखन की शैली को पहचानने की कोशिश की है :

निदा फ़ाज़ली ने 'दीवारों के बीच' को उन यादों के नाम समर्पित किया :

जो वर्तमान होती हैं तो सताती हैं
जब अतीत बन जाती हैं तो लुभाती हैं
मुमकिन है वर्तमान से अतीत बनने के सफ़र में,
इन यादों में
कहीं कहीं वक्त की दूरियाँ शामिल हो
गयी हों
और ये अब वैसी नहीं रही हों
जैसी पहले थीं
इन यादों का सिलसिला काफ़ी तबील है
मैं ही एक मोड़ तक आकर
रुक-सा गया हूँ।

मगर सच यह है निदा का रचनाकार वहाँ रुका ही नहीं जहाँ उसने महसूस किया था कि वह रुक-सा गया है। अपनी कहानी शुरू करने से पहले उसने एक नज़्म में ज़िन्दगी की कहानी को अपनी बचपन की शरारत और मासूमियत से जुगनू की तरह चमकती आँखों से देखकर यूँ पेश किया :

सूरज एक नटखट बालक सा
दिन भर शोर मचाये
इधर उधर चिड़ियों को बखेरे
चिड़ियों को छितराये
क़लम, दराँती, बुरुश, हथौड़ा
जगह जगह फैलाये
शाम, थकी हारी माँ जैसी
एक दिया मिलकाये
धीमे धीमे सारी बिखरी चीज़ें
चुनती जाए.........।

निदा ने अपनी इस जीवन-कथा में शैली के रूप में फ़िक्शन के लिबास में हक़ीक़त पेश करने की अपनी रचनात्मक शक्ति का भरपूर इस्तेमाल किया है, इसी के साथ अपने पास पड़ोस, घर-परिवार के माहौल में चिरकाल से क़दम जमाये रूढ़ियों, रीतियों तथा अन्धविश्वासों के मकड़जाल को काट कर अपने ही जीवन के माध्यम से अतीत और वर्तमान के बीच खड़े उस भारत के अन्तर में झाँकने का सफल प्रयास किया जिसमें स्वयं वे जन्मे और दुख-सुख, मुहब्बत-नफ़रत, दया-करुणा और मानवीय ममता और क्रूरता की परछाइयों से गुज़रते, हँसते, रोते और सच्चाइयों की गहराइयों को छूते अपनी जीवन यात्रा पर आगे बढ़ते रहे। 'दीवारों के बीच' की एक महत्त्वपूर्ण विशेषता यह भी है कि यदि आप पंक्तियों के बीच पढ़ लेने की कला जानते हैं तो यह निदा फ़ाज़ली के जीवन और चिन्तन का एक ऐसा दस्तावेज़ भी है जिसमें अपनी स्वाभाविक और अत्यन्त आकर्षक व्यंग्यशक्ति के सहारे उन्होंने अपने जीवन की घटनाओं और मानवीय रिश्तों के खट्टे-मीठे, फीके और कड़वे अनुभवों का ज़िक्र इस सरलता से किया है जैसे कोई मछली कभी पानी की लहरों के ऊपर और कभी उनके नीचे तैर कर मज़े-मज़े में अपनी जल-यात्रा जारी रखती है।

निदा फ़ाज़ली तीन शहरों का बेटा कहलाने के हक़दार हैं। एक है ग़ालिब और मीर की दिल्ली, दूसरा है तानसेन और उनके मेघ मल्हार तथा दीपक राग को साँसों में संजोये ग्वालियर और तीसरा है सितारों की महफ़िल सजाने वाले हीरों और मोतियों की फ़िल्म नगरी मुम्बई। तीनों ऐतिहासिक महानगरों ने निदा फ़ाज़ली के गद्य और पद्य को लहक, महक और स्वर-ताल दिया है।

निदा अपने ही जन्म को बीसवीं सदी के तीसरे दशक के मध्यम वर्गीय मुस्लिम घराने में बेटे की पैदाइश के वाकये की सूरत में पेश करते हैं। उसे पढ़कर ऐसा लगता है कि पैदा होने से कुछ पहले ही, फिर पैदा होते वक़्त और उसके फ़ौरन बाद इस बच्चे ने ख़ासी पैनी नज़र से देखना, पतले कानों सुनना और शैतानी मुस्कराहट के साथ दुनिया और उसमें बसने वालों को देखना शुरू कर दिया था। मानो आज के निदा में बैठा सूक्ष्म व्यंग्यकार और साहित्यकार उसी 12 अक्तूबर सन् 1938 के दिन सम्पूर्ण चेतना और संवेदना के साथ पैदा हो गया था जब उसने अपनी माँ की गोद में आँख खोली थी। अब निदा अपनी साठोत्तरी में चल रहे हैं। मगर उन्होंने अपनी क़लम से अपनी पैदाइश, अपने परिवार और इमली के भूत के साथ अपने जज़बात-ओ-अहसास का बयान जिस तरह किया है वह इस बात का सबूत है कि उनके अन्दर का शैतानी से खेलनेवाला, शरारत से मुस्कुरानेवाला बच्चा आज भी ज़िन्दा है। वह पहले यादों को जवाहरात की तरह तराशता-सँवारता है और उन्हें अपनी साहित्यिक दौलत का हिस्सा बनाता है और फिर उस दौलत को बड़ी सख़ावत

और मुहब्बत से दूसरों को बेहिचक बाँटता है। यहाँ इमली का भूत थोड़े विस्तार से ज़िक्र की दरकार रखता है।

इमली का भूत शायद निदा के जीवन में अन्धविश्वासों का अहसास लेकर बचपन में ही दाख़िल हो गया था। जब उन्होंने अपनी जीवन कथा का पहला ही अध्याय लिखा तो उनका बचपन का साथी, इमली का भूत फ़ौरन सामने आ गया। वह भूत, उनके पिता मुर्तज़ा हसन के अलावा किसी से न डरता था।

पेश है एक पन्ना निदा फ़ाज़ली के पारिवारिक चित्र में से इमली के भूत का। इसमें निदा के बेलौस गद्य की कथात्मक बानगी भी मिलेगी और निदा का अपने बचपन का परिवेश भी। सो उनकी थोड़ी सी कहानी उन्हीं की ज़बानी :

''सूरज ग़रूब हो रहा है एक बेहोश औरत के इर्द-गिर्द तीन-चार बच्चे, सहमे-डरे बैठे हैं, बड़ी बहन उठकर लालटेन की चिमनी साफ़ करके उसे रोशन करती है। चारों तरफ़ चितकबरी रोशनी फैल जाती है। सामने इमली के दरख़्त पर एक डरावना भूत रोज़ की तरह आज भी आकर बैठ गया है। लम्बे-लम्बे दाँत, टेढ़े-मेढ़े हाथ-पाँव, हवा से शाख़ें हिलती हैं तो उसकी गर्म साँसें बहुत क़रीब महसूस होती हैं। दालान से आँगन में आते भी डर लगता है।''

''बड़ी बहन भूत को दफ़ा करने के लिए अन्दर से कुरआन शरीफ़ लाकर बाहर स्टूल पर रख देती है। बच्चों और भूत के दरमियान अल्लाह के कलाम की हद बन जाती है। भूत में इस हद को फलाँगने की हिम्मत नहीं है। लेकिन जब भी नज़र उठती है वह इमली की शाखों से झाँकता दिखाई देता है।''

''यह भूत कुरान की हद में दाख़िल तो नहीं होता लेकिन अपनी मौजूदगी का एहसास फिर भी दिलाता रहता है। इस ख़ौफ से भूख, प्यास सब ग़ायब हो जाती है।''

''भूत सिर्फ़ मुर्तज़ा हसन के क़दमों से डरता है। जैसे ही गली में उनके क़दमों की आहट फैलती है यह आप ही आप सिमट कर हवा में तहलील हो जाता है, (घुलकर ग़ायब हो जाता है,) लेकिन मुर्तज़ा हसन के आने तक आधी से ज़्यादा रात गुज़र चुकी होती है और आधी रात तक नींद पलकों से आँख-मिचौली खेलती रहती है।''

''बेहोश औरत जो इन बच्चों की माँ है; होश में आती है, इर्द-गिर्द बैठे हुए इन बच्चों को देखती है और मुँह ही मुँह में कुछ पढ़कर उँगली से चारों तरफ हिसार (लक्ष्मण रेखा) खींचती है। मुर्तज़ा हसन आते ही अपनी शेरवानी खूँटी पर टाँग कर बिस्तर पर दराज़ हो जाते हैं।''

''सुबह के धुँधलकों से ग्वालियर का एक मोहल्ला धीमे-धीमे उभर रहा है। नई सड़क, बड़े दालान और आँगन और कई कुशादा, खुले-खुले कमरों का एक

ऊँची दीवारों का पुराना घर। उस घर में दायें-बायें कई दरवाज़े हैं। सामने इमली का घना दरख़्त है जिसमें बारह महीने खट्टे कटारे झूलते हैं। उनको पूरी दोपहर मोहल्ले भर के बच्चे पत्थर मार-मार कर गिराते हैं। इन कतारों की छीनाझपटी में हर रोज़ कई छोटी-बड़ी लड़ाइयाँ होती हैं। इन लड़ाइयों में कभी बड़ी औरतें भी शरीक हो जाती हैं। औरतें आपस में उलझकर कई दिन तक एक-दूसरी से नहीं बोलतीं। लेकिन बच्चे थोड़ी देर में ही पिछली बातों को भूलकर एक हो जाते हैं।''

''इस इमली के पेड़ का एक बड़ा भाई भी है। घर के बायें दरवाजे के सामने लम्बे-चौड़े पेट और कई मोटे भारी हाथों वाला नीम का दरख़्त...ये दोनों उम्र के लिहाज़ से बुजुर्ग हैं। उनकी उम्रों का अब कोई इस मोहल्ले में नहीं है। दोपहर भर ये दोनों छोटे बच्चों के साथ खेलते हैं और शाम होते ही संजीदा होकर हर आने-जाने वाले पर नज़र रखते हैं और चौकीदारी करते हैं। इस चौकीदारी में जंगली कुत्ते भी उनका साथ देते हैं। ये कुत्ते इतने दिनों से इस मोहल्ले में हैं कि हर एक को बिना नाम के पहचानते हैं। रात के वक़्त जैसे ही कोई अजनबी इस इलाक़े में दाख़िल होता है, ये चिल्ला-चिल्ला कर तूफ़ान सिर पर उठा लेते हैं। इनको चुप कराने के लिए दाख़िले का कार्ड दिखाना पड़ता है। और यह कार्ड होता है मोहल्ले का ही कोई आदमी...।''

''मकान के पीछे एक तंग सी गली है। उस गली के कोने पर एक पुराना कुआँ है जिस पर हमेशा पानी भरने वाली लड़कियों का जमघट रहता है। यह कुआँ सारी लड़कियों का हमराज़ है। यह किसी की बात दूसरे से नहीं कहता। मगर है बहुत मज़ाकिया, दिन भर इसकी बातों पर लड़कियाँ क़हक़हे लगाती रहती हैं।''

यह है निदा फ़ाज़ली के बचपन और लड़कपन के ग्वालियर के घर-परिवार और परिवेश का चित्र जिसका एक नमूना उनकी शायरी से जूझने से पहले देना मैंने इसलिए मुनासिब माना कि पाठकों को पता चल जाए कि निदा फ़ाज़ली के सोचने की ज़मीन क्या है और वे अपनी शायरी में ही नहीं, अपने गद्य में भी अपने समकालीनों में कितने बेजोड़ लगते हैं।

निदा के वालिद, मुर्तज़ा हसन साहब, सिंधिया स्टेट रेलवे में एक बड़े अफ़सर थे, वही जिनसे इमली के पेड़ का भूत डरता था। उनकी तस्वीर खुद निदा ने कुछ इस तरह खींची : ''अच्छी ख़ासी तनख़्वाह है। इसके अलावा ऊपर की आमदनी की भी रेल-पेल है। शायर भी हैं। दाग़ के जानशीन 'नूह' नारवी के मुमताज़ शागिर्द हैं। दो शेयरी मजमुए 'तस्वीर-ए दुआ' और 'तासीर-ए-दुआ' (1938 ई.) के मुसन्निफ़, रचयिता हैं।'' उनकी शायरी का नमूना भी निदा ने पेश किया :

मेरी जान माँगी तो क्या तुम ने माँगी, मेरी जान का क्या मेरी जान होगा

यह खुद भी परीशान है जिन्दगी से, इसे जो भी लेगा परीशान होगा
और

शान के लोग कम रह गए और एक तुम एक हम रह गए।

निदा अपने माता-पिता की तस्वीर खींचने में किसी हिचक से काम नहीं लेते। बेदर्द हाकिम की तरह फैसलाकुन अन्दाज़ में वालिद का ख़ाका यों खींचते हैं :

"अलीगढ़ के पास एक छोटे से डबाई नाम के क़स्बे के रहने वाले हैं (मुर्तज़ा हसन साहब) इसी रियात से अपने तखल्लुम 'दुआ' के साथ 'डबाइवी' भी लगाते हैं। काफ़ी रंगीन मिज़ाज हैं। मुजरे, मुशायरे और नए-नए इश्क़, पुराने शौक हैं। ग्वालियर में अपने बहन-भाइयों से दूर, तन्हा रहे हैं। इन तन्हाइयों को जवानी के हाथों खूब तक़सीम किया। कई तवायफ़ों से शनासाइयाँ हैं। एक से तो सुनते हैं दो लड़के भी हैं। लेकिन उनके नामों में इनका नाम शामिल नहीं है।"

"घर में अच्छी शक्ल-ओ-सूरत की बीवी है और साथ में सिंधिया दरबार की एक मुग़निया, गायिका की जुल्फ के असीर भी हैं। इस मुग़निया का नाम ज़ैनबुन्निसा है। रेडियो से भी क्लासिकी म्यूज़िक का प्रोग्राम देती है। बच्चा कोई नहीं है। मुर्तज़ा हसन के बच्चों को जहाँ देख लेती है, टूट के प्यार करती है। बलायें लेती है, पैसे देती है। लेकिन इन सबके बावजूद बच्चों को वह पसन्द नहीं है।"

निदा फ़ाज़ली ने बचपन में ही इन्सानी रिश्तों की उलझनों को तीखी नज़र से देखने का हुनर पा लिया। इस हुस्न से उन्होंने उन रिश्तों की तह तक पहुँचने की कोशिश की। मुहब्बत, इज्ज़त, हमदर्दी और बेबाकी से दूर और नज़दीक दोनों की घटनाओं, अपनों और बेगानों के मन की गहराइयों और बीती परछाइयों में झाँक-झाँक कर देखने की कला बचपन से ही निदा के मस्तिष्क में फलने-फूलने लगी थी।

अपनी माँ का शब्द चित्र निदा ने यूँ खींचा है :

'बीवी का नाम जमील फ़ातिमा है। दिल्ली के एक सैयद घराने से हैं। मिज़ाज मज़हबी है। शे'र-ओ-शायरी का ज़ौक़ रखती हैं। शे'र कहती हैं और खवातीन (महिलाओं) की नशिस्तों (बैठकों) में सुनाती हैं। शे'र कहने का जब मूड होता है तो झाड़ू दे रही हों या रोटी पका रही हों, काग़ज़ पेंसिल साथ ही होते हैं। फ़िक्रे-सुख़न, यानी काव्य-रचना की चिन्ता की महवियत कभी रोटी जला देती है और कभी सालन में नमक का सन्तुलन बिगाड़ देती है।"

आप देखें कि अपने माँ-बाप के रिश्ते का ज़िक्र निदा बड़ी ईमानदारी और ग़ैर जानबदारी से करते हैं। अपने वालिद की शादी का ज़िक्र करते हुए निदा ने लिखा :

"मुर्तज़ा हसन ज़िन्दगी के पैंतीस साल गुज़ार चुके हैं। घर वालों से दूर ग्वालियर में बिना रोक-टोक जैसे चाहा जिए। आशनाइयाँ कई हुईं लेकिन किसी ने शादी का रूप नहीं लिया। तफ़रीह की आज़ादी है लेकिन शादी के लिए ज़ात-बिरादरी की इख़लाकी पाबंदी ज़रूरी है। दिल्ली के एक परिवार की छोटी लड़की के लिए पैग़ाम भेजा जाता है। ज्यादा छान-बीन के बिना रिश्ता मंजूर हो जाता है और जमील फ़ातिमा दस साल के फ़र्क के बावजूद मुर्तज़ा हसन के हवाले कर दी जाती हैं। लेकिन उनकी बरसों की आज़ाद मिज़ाजी को गृहस्थी की ज़िन्दगी में ढलने में काफ़ी वक्त लगता है।"

"जमील फ़ातिमा जिस मुआशरे (सभ्यता) से आयी हैं उसमें औरत और मर्द का रिश्ता आसमान पर तय होकर ज़मीन पर उतरता है। इस रिश्ते के फ़राइज़ यानी उत्तरदायित्वों के साथ ज़मीन-ओ-आसमान ही मुख़तलिफ़ हैं। शौहर अपनी मर्ज़ी का मुख़तार है। औरत घर की ज़ीनत है, गृहशोभा है, होने वाले बच्चों की माँ है। उसे शौहर के मामुलात में, उसकी दिनचर्या में शिरकत की आज़ादी नहीं है। मुर्तज़ा हसन की घर से बाहर की ज़िन्दगी उनकी अपनी है। उसमें किसी क़िस्म की तबदीली के लिए वो तैयार नहीं हैं। सुबह आफिस के लिए निकलते हैं और फिर आधी रात तक लौटते हैं।"

"जमील फ़ातिमा भाँय-भाँय करते घर में अकेली एक नौकरानी के साथ वक्त गुज़ारती हैं। दूर-दूर तक कोई रिश्तेदारी नहीं है। मोहल्ले की औरतें शौहर को बस में करने की नयी-नयी तरकीबें समझाती हैं। कहीं से अच्छी-ख़ासी रक़म देकर तावीज़ मँगाया जाता है। कोई रात को देर तक पढ़ने वाला मुक़ामी बुजुर्ग की दरगाह पर हाज़री देकर मन्नत माँगती हैं। हर दूसरे, तीसरे दिन मुराद का रोज़ा माँगती हैं।"

"जिस मक़सद के लिए शादी की गई थी वह भी पूरा होता है। दो साल की मुद्दत में मुर्तज़ा हसन दो बच्चों के बाप बन जाते हैं। अब इन बच्चों और माँ के दरमियान पहाड़ सी डरावनी रात है और इमली का भूत है।"

•

निदा की यह तर्ज़ेबयानी बताती है कि निदा अपनों के चरित्र-चित्रण में जहाँ काफ़ी बेबाकी से शब्द प्रयोग करते हैं वहीं, अपनी माँ की सूरत में रूढ़िवादी भारतीय मुस्लिम समाज के मध्यम वर्ग की शरीफ़ नारी के सामाजिक स्थान और उसकी कुंठाओं के प्रति अपार सहानुभूति भी प्रकट करते हैं। उनके व्यंग्य में भी हमदर्दी की भावना है और इमली का भूत दुख, संशय और अनिश्चित के भय का प्रतीक है। पारिवारिक गाथा और आत्मकथा साहित्य में सत्य को बिना तोड़े-मरोड़े, मगर

अत्यन्त रोचक कथानक में प्रस्तुत करना निदा की आत्मकथा का विशेष गुण है। जिस ढंग से वे अपने माँ बाप के रिश्तों का ज़िक्र करते हैं उसी प्रकार स्वयं अपने जन्म को एक घटना बनाकर यूँ पेश करते हैं कि बच्चा पैदा भी हो रहा है और अपनी पैदायश से जुड़ी एक-एक घटना को खुली आँखों देख भी रहा है। अपनी बहन और भाई के जन्म की घटनाओं का बयान करते हुए निदा अपने जन्म का हाल सुनाते हुए ऐसे कलम चलाते हैं मानो एक जासूसी उपन्यास लिख रहे हों :

"हर बच्चे की पैदाइश दिल्ली में होती है। जमील फ़ातिमा, अब तीसरे बच्चे की माँ बनने वाली हैं। दो के बाद तीसरा बच्चा ऐसी हालत में मुनासिब नहीं है। लेकिन क्या किया जाये। तीन महीने पूरे हो चुके हैं...ऐसे काम छुप-छुपा कर ही किये जाते हैं। सुनी-सुनाई जड़ी-बूटियों से ही खुदा के काम में दख़ल अन्दाज़ी की जाती है। कई गर्म-गर्म दवाएँ इस्तेमाल होती हैं। अभी यह सिलसिला जारी है कि अचानक एक दिन दिल्ली में उनके भारी पाँव तले से पैतृक घर की छत खिसक जाती है। होता यूँ है कि वह सुबह गुसलख़ाने से बाहर आती हैं। लेकिन जैसे ही पाँव बढ़ाती हैं, छत धँसने लगती है। वह टूटती छत से सीधी नीचे फ़र्श पर गिरने को होती हैं कि उनके हाथ में एक लोहे का सरिया आ जाता है। इत्तफाक़ से उनके भाई उस वक़्त नीचे ही मकान की मरम्मत करवा रहे थे। पत्थरों के गिरने की आवाज़ से वो चौंक कर ऊपर देखते हैं और अपनी बहन को ज़मीन-ओ-आसमान के दरमियान लटका हुआ पाते हैं। वह बाँहें फैलाकर आगे बढ़ते हैं और...बहन से सरिया छोड़ने को कहते हैं...कई लोग जमा हैं। फ़र्श पर रुई के गद्दे, तौलिये बिछा दिये जाते हैं। बच्चों के रोने-चिल्लाने और औरतों की चीख़-पुकार में वो आख़िरकार भाई की बाँहों में गिर जाती हैं। गिरते ही बेहोश हो जाती हैं। केस नाज़ुक है। फ़ौरन हास्पिटल ले जाया जाता है जहाँ वक़्त से पहले, जमील फ़ातिमा अपनी मर्ज़ी के ख़िलाफ तीसरे बच्चे को जन्म देती हैं। उसका नाम बड़े लड़के मुस्तफ़ा हसन के क़ाफ़िये की रिवायत से मुक़्तदा तजवीज़ होता है। यही मुक़्तदा हसन, आगे चल कर खुद को क़ाफ़िये की पाबन्दी से आज़ाद कर निदा फ़ाज़ली बन जाते हैं।"

•

निदा के अपने शब्दों में दिया गया यह पारिवारिक आत्मचित्र मैंने यहाँ तफ़सील से देने की पेशकश इसलिए की है क्योंकि यह उनके संस्कारों, सोचने की ज़मीन और रचनाओं को समझने में बहुत सहायक हो सकता है। फिर यह उनकी बेहद हसीन गद्य शैली का नमूना भी पेश करता है जिसे उनकी कविता के प्रेमी प्रायः

भूल जाते हैं। उनकी काव्य कृतियों में नज़्म, ग़ज़ल, गीत और दोहे सभी शामिल हैं। हिन्दुस्तान और पाकिस्तान में उसकी शायरी के दीवानों की भारी संख्या है। उसका एक कारण यह भी है कि वे भरपूर ज़िन्दगी के लेखक और शायर हैं और उनके गद्य और पद्य का स्वभाव आत्मकथात्मक और जीवन की आत्म अनुभूतियों का है। उन्होंने अपने व्यक्तित्व को अतीत और वर्तमान के साथ यूँ जोड़ा है कि अपने लेखन और कविता को पुराने और नए के कठघरों से निकालकर काल दर्पण बनाने की चेष्टा की है। अभी तक उनकी दो गद्य रचनाओं 'मुलाक़ातें' और 'दीवारों के बीच' के अलावा चार शेअरी मजमुए भी उर्दू और हिन्दी में प्रकाशित हो चुके हैं। ये हैं 'लफ्ज़ों का पुल', 'मोर नाच', 'आँख और ख़्वाब के दरमियान' और 'खोया हुआ सा कुछ'।

चाहे निदा की कविता हो या आत्मकथा रूपी उनका उपन्यास, निदा जीवन को हर दिशा से, बहुआयामी तटस्थता के साथ देखते हैं कभी एक बच्चे की मासूमियत से तो कभी सूफ़ी की मन मौज में उतरकर। उनका कलाम उनके जीवन के अनुभवों का साँस लेता हुआ ख़ाका है, जिसमें उनका पढ़ना-लिखना खुशबू बनकर उतरा है। इसी का नतीजा है कि वे उर्दू शायरी की रवायत को भी पहचानते हैं और आधुनिकता के मुहावरे को गढ़ने का अन्दाज़ भी जानते हैं। ज़फ़र और ग़ालिब को जिस गहराई से खँगाल सकते हैं, उसी गहराई से दाग़ की शायरी और उनकी ज़िन्दगी की तस्वीर भी गढ़ सकते हैं। कलम उनकी जितनी बेलौस अपनी ज़िन्दगी का ख़ाका उतारने में है, उतनी ही बेलौस ग़ालिब और दाग़ की तस्वीर पेश करने में भी। अपनी माँ के बारे में जैसी बेलौस तस्वीर 'दीवारों के बीच' में निदा उतारते हैं, दाग़ देहलवी की माँ को भी उसी अन्दाज़ में निबटा लेते हैं। यह निदा का सच्चाइयों से अठखेलियाँ करता स्टाइल है। दाग़ की माँ का नाम वज़ीर बेग़म और पिता थे शम्सुद्दीन खाँ जो अँग्रेजों की नाइंसाफी के खिलाफ़ आवाज़ उठाने के जुर्म में फाँसी पर चढ़ा दिए जाते हैं। माँ वज़ीर बेग़म कई साल तक अंडरग्राउंड रहीं और फिर उनकी मुलाक़ात मुग़ल सम्राट बहादुर शाह ज़फ़र के होने वाले उत्तराधिकारी मिर्ज़ा फ़खरुद्दीन से होती है और वज़ीर बेगम शौक़त महल का खिताब लेकर लालक़िले में मलिका बन जाती हैं। उनका बेटा लालक़िले में ले आया जाता है और इस तरह मिर्ज़ा खाँ 'दाग़', मिर्ज़ा फ़खरुद्दीन के मरने तक लालक़िले में रहे। आगे का वर्णन निदा फ़ाज़ली की तर्ज़े बयानी में :

"उनके देहान्त के पश्चात् बूढ़े बहादुरशाह की जवान मलिका ज़ीनत महल की राजनीति ने लालक़िले में उन्हें नहीं रहने दिया। वह फिर से घर से बेघर हो गए। लेकिन इस बार वे अपने बचपन की तरह अकेले नहीं थे। उनके साथ उनकी माता भी थीं। माता के साथ उनकी जायज़ औलादों के साथ उनके कश्मीरी सौंदर्य

की कुछ नाजायज़ सज़ाएँ भी थीं।''

निदा जब कहने पै आते हैं तो लफ़्ज़ों का ऐसा खूबसूरत वितान तानते हैं कि नागवार लगने वाली बात भी उनके नीचे से चुपचाप बेपर्द होकर बेखटके निकल जाती है। सच्चाइयों को ज्यादा छिपाकर रखने में निदा यकीन नहीं करते लेकिन ऐसी सच्चाइयाँ बयान इसलिए की जाती हैं ताकि जीवन का कोई गहरा अक़ीदा हाथ आए। जाँनिसार अख़्तर के साथ दिल्ली में एक टैक्सी से उन्हें उनके दोस्त के यहाँ छोड़ने गए। जब कई घंटे बरबाद करने के बाद भी घर न मिला तो पुलिस स्टेशन जाकर पता लिया और दो मिनट में उनके दोस्त के बँगले पहुँच गए। आगे बकलम निदा :

''घर देखकर मुझे हैरत हुई। जिस गली से कई बार गुजर कर निकले थे उसी गली में वह घर था। मैंने इस सम्बन्ध में जब जाँनिसार साहब से पूछा तो वे बोतल के आख़िरी क़तरे गले में उँड़ेलते हुए बोले–''भाई पूरी हाफ़ बोतल थी। इसे ख़त्म करने के लिए भी तो वक़्त चाहिए था। जिसके यहाँ ठहरा हूँ उनके यहाँ इस वक़्त कैसे पीता। अपनी टैक्सी थी–शान से पी।''

निदा का निष्कर्ष है कि ''जाँनिसार टैक्सी से उतरकर चले गये लेकिन मुझे एहसास हुआ कि मैं अचानक अपनी उम्र से दोगुना चौगुना बूढ़ा हो चुका हूँ और जाँनिसार मुझसे कई साल छोटे लगे। जाँनिसार आख़िरी दम तक जवान रहे। बुढ़ापे में जवानी का यह जोश उर्दू इतिहास का एक चमत्कार है।''

जितना अच्छा गद्य निदा लिखते हैं उससे ज़्यादा ख़ूबसूरत लहज़ा उनके बोलने का है जिसका आनन्द तब देखने को मिलता है जब वे किसी मुशायरे का संचालन कर रहे हों। उस समय मंच से मीर, दाग़, ज़फ़र और ग़ालिब की शायरी की ख़ुशबू हर नए शायर को पेश करते मिल जाती है। और जब कभी वे अपना कलाम पेश करते हुए उसी बुलन्दी से वाबस्ता होते हैं तो श्रोता समुदाय के द्वारा उस बुलन्दी को न पकड़ पाने को एक चुहल में ढाल कर ऐसा संकेत देते हैं जैसे कोई बात नहीं आपके ऊपर से बात गई, जाने दो, आपके लायक़ दूसरी पेश करता हूँ। वैसे उनकी शायरी को समझने के लिए सामईन को बहुत ज़्यादा ज़हमत गवारा नहीं करनी पड़ती। बात बड़ी होती, अल्फ़ाज़ बड़े नहीं होते। सादा से शेर–

चन्द लमहों को ही बनती हैं मुसव्विर आँखें
ज़िन्दगी रोज़ तो तस्वीर बनाने से रही।
इस अँधेरे में तो ठोकर ही उजाला देगी
रात जंगल में कोई शमा जलाने से रही।

अल्फ़ाज़ ऐसे जिनका मानी देखने के लिए लुग़त उठाकर देखने की ज़रूरत न

पड़े लेकिन मानी ऐसा कि ज़ेहन को तहों तहों में उतरना पड़े। उनके शब्दों में :

"सिर्फ़ आँखों से ही दुनिया नहीं देखी जाती।
दिल की धड़कन को भी बीनाई बनाकर देखो।"

नज़ारा देखने का यह हुनर इन्सान को हासिल हो जाए तो निदा की यह बात समझना आसान हो जाएगी कि

यही ज़मीं
जो कहीं धूप है
कहीं साया
यही ज़मीन हो तुम भी
यही ज़मीं मैं भी।
यही ज़मीन हक़ीक़त है
इस ज़मीं के सिवा
कहीं भी कुछ नहीं
बीनाइयों का धोका है।

और आख़िर तक पहुँचते-पहुँचते वे आपके हाथ में वह तल्ख़ सच्चाई थमा देते हैं जिसको थामना हर किसी को रास नहीं आता। वे कहते हैं :

यही ज़मीन सफ़र है
यही ज़मीं मंज़िल
न मैं तलाश करूँ
तुममें
जो नहीं हो तुम
न तुम तलाश करो मुझमें
जो नहीं हूँ मैं।

एहसास की इस ज़मीन पर पहुँच लेने के बाद उनका वह शेर जो बड़ा मशहूर है 'कभी किसी को मुकम्मल जहाँ नहीं मिलता' और ज़्यादा मानीख़ेज़ मालूम होने लगता है।

निदा का यह शेर कितना मानीख़ेज़ है इसको एक निजी वाक़ये में सामने रखने की धृष्टता कर रहा हूँ। यह वाक़या मेरी निजी ज़िन्दगी में निदा की शायरी के बेसाख़्ता लागू होने का एक संयोग भी है और अच्छी शायरी की मक़बूलियत का एक नमूना भी। अपनी छोटी बेटी के लिए मैं उन दिनों वर की तलाश में था।

काफ़ी भटक चुके थे, लेकिन मन के मुताबिक उसके योग्य कोई लड़का नज़र नहीं आ रहा था। अख़बार में इश्तिहार देकर कुछ उम्मीदवार तलाशने की कोशिश की और जब ए प्लस या ए श्रेणी में कुछ हाथ न लगा तो बी श्रेणी पर उतरे। एक दिन एक परिवार बेटी को देखने घर आया। उम्मीदवार वर ने अपनी वरीयता बनाए रखने के लिए सहज होना ही मुनासिब न समझा। घर बार अच्छा होगा ऐसा अनुमान था, आर्थिक स्थितियाँ भी क़ाबिले बर्दाश्त थीं लेकिन बातचीत में सहज न होने की वर महोदय की ज़िद मेरे पारिवारिक माहौल को रास आने वाली न दिखी। लेकिन यह मानकर कि आगे चलकर सब ठीक हो जाएगा, मैंने समझौता करना चाहा। बेटी के मन में भी अपने माता-पिता की बेचैनियों का एहसास था इसलिए वह भी इस समझौते को तैयार हो गई।

उन लोगों के जाने के बाद जब मैंने बेटी से उसकी राय जाननी चाही तो उसने हाँ करने से तो इन्कार न किया, लेकिन साथ में निदा फ़ाज़ली का यह शेर कहते हुए वह अपने कमरे में चली गई कि

कभी किसी को
मुकम्मल जहाँ नहीं मिलता
कहीं ज़मीं
तो कहीं आसमाँ नहीं मिलता।

निदा फ़ाज़ली मेरे दोस्त हैं, यह बात बेटी को मालूम थी लेकिन मुझे यह नहीं मालूम था कि मेरी बेटी की ज़िन्दगी के बारे में निदा का शेर मेरे लिए एक फ़ैसलाकुन मुकाम बन जाएगा। मैंने अपना वह फ़ैसला तो बदला ही, उस परिवार से क्षमा माँग कर फ़ुरसत पा गया लेकिन आगे के लिए एक सबक भी लिया कि अब बेटी की शादी वहीं करूँगा जहाँ उसके ज़मीन और आसमान दोनों उसे हासिल होते लगेंगे।

निदा को क्या मालूम कि उनकी शायरी कहाँ और कितनों को अपनी ज़िन्दगी सँवारने में काम आई, जबकि उनके हिसाब से :

"रंग है जो भी नज़र में
वो कच्चा है
जो एक दर्द है साँसों में
वो ही सच्चा है
ये एक दर्द ही
संघर्ष भी है, ख़्वाब भी है

लिखो कि
ये ही अँधेरों का
माहताब भी है।

और इसी के साथ जिन्दगी के बारे में उनका यह दोहा :

जीवन भर भटका किए खुली न मन की गाँठ
उसका रास्ता छोड़कर देखी उसकी बाट।

उनके दोहे कहीं-कहीं उनके अशआर और नज़्मों से भारी लगते हैं, जैसे उनका गद्य कहीं-कहीं उनकी शायरी से ज़्यादा हसीन और चमकदार लगता है। उनका एक दोहा है :

माटी से माटी मिले, खोके सभी निशान
किसमें कितना कौन है, कैसे हो पहचान।

देहरादून में कवि सम्मेलन हो रहा था, निदा ने ग़ज़ल और एक नज़्म के साथ कुछ दोहे भी पढ़े। ग़ज़लों में वह भी थी जिसमें हिन्दुस्तान-पाकिस्तान के हालात का बयान है :

इन्सान में हैवान यहाँ भी है वहाँ भी
अल्लाह निगहबान यहाँ भी है वहाँ भी।
खूँखार दरिन्दों के फ़क़त नाम अलग हैं
शहरों में बियाबान यहाँ भी है वहाँ भी
हिन्दू भी मज़े में है मुसलमाँ भी मज़े में
इन्सान परेशान यहाँ भी है वहाँ भी।

इस ग़ज़ल के एक-एक शेर पर जो टूट के तालियाँ मिलीं निदा को कि फ़ख्र का एहसास हुआ कि शायरी का माहौल अभी देश में मरा नहीं।

निदा ने इसी माहौल में और ऊँची गिरह लगाई :

कभी-कभी यूँ भी हमने
अपने जी को बहलाया है
जिन बातों को खुद नहीं समझे
औरों को समझाया है।

फिर तो साहब जो दाद मिली निदा को, उससे लगा कि अब कवि सम्मेलन यहीं ख़त्म कर दिया जाना चाहिए। तभी निदा ने कुछ दोहे सुनाने का फैसला किया और उन दोहों से सारा कवि सम्मेलन दार्शनिकता में साँस लेने लगा :

जीवन के दिन रैन का कैसे लगे हिसाब
दीमक के घर बैठकर लेखक लिखे किताब

सपना झरना नींद का, जागी आँखें प्यास
पाना खोना खोजना, साँसों का इतिहास

ऊपर से गुड़िया हँसे, अन्दर पोलमपोल
गुड़िया से है प्यार तो टाँकों को मत खोल

मैं भी तू भी यात्री, आती जाती रेल
अपने अपने गाँव तक सबका सबसे मेल

मैं रोया परदेस में भीगा माँ का प्यार
दुख ने दुख से बात की, बिन चिट्ठी बिन तार

बच्चा बोला देखकर मस्जिद आलीशान
अल्ला तेरे एक को, इतना बड़ा मकान!

ये दोहे जीवन का बहुत बड़ा सच भी बोलते हैं और सामाजिक स्थितियों पर टिप्पणी भी करते हैं। इन टिप्पणियों में कबीरी ठाठ है :

अन्दर मूरत पर चढ़े घी पूरी मिष्ठान
मन्दिर के बाहर खड़ा ईश्वर माँगे दान।

हर किसी में ईश्वर का वास है, यह अक्सर कह दिया जाता है लेकिन उसकी विडंबना इस दोहे में निदा ने उकेर दी है।

इसी तरह निदा के कुछ शेर हैं जो कैफ़ियत भी बयान करते हैं और लोक व्यवहार के लिए आगाही भी करते हैं :

नक्शा उठा के कोई नया शहर ढूँढ़िए
इस शहर में तो सबसे मुलाकात हो गई।

हर आदमी में होते हैं दस बीस आदमी
जिसको भी देखना हो कई बार देखना।

ये अशआर आप बोलचाल के लिए मुहावरे बन चुके हैं। मुहावरे इसलिए बन चुके हैं कि वहाँ ज़बान का हिन्दी-उर्दू का फ़र्क ख़त्म नज़र आता है और बात बिल्कुल सहज होकर बोलती है। इतनी सहज कि अगर इबादत के विकल्प की ज़रूरत आन पड़े तो भी विकल्प हाज़िर कर देती है। याद करें उनका शेर :—

घर से मस्जिद है बहुत दूर
चलो यूँ कर लें
किसी रोते हुए बच्चे को
हँसाया जाए।

यह सिर्फ़ पूजा का विकल्प नहीं है, हमारी सामाजिक स्थितियों के सन्दर्भ में एक दिशा निर्देश भी है कि प्रार्थनाएँ अपनी जगह, लेकिन हम अगर अपने रोते हुए, बिलखते हुए मासूमों की ज़िन्दगी में मुस्कान नहीं भर सकते तो हमारी इबादत, हमारी पूजा सिर्फ़ एक कर्मकांड है।

निदा इसी तरह से अपनी ज़िन्दगी का फ़लसफ़ा हमें देते हैं जिसके अनेक रंग हैं। अनेक ढंग से किया गया ज़िन्दगी का सफ़र है जिसमें शहर-गाँव, धूप-छाँव, बिजली आँधी तूफ़ान, नाते-रिश्ते, बादल-बरसात वसन्त, तिथि पर्व त्यौहार ...गरज़ कि एक भटकते हुए बंजारे का मंज़रनामा है निदा की शायरी, जो रवायत से अपनी ताक़त बटोरती है और जदीदियत से अपनी यारी निभाती है और इसीलिए उर्दू की आधुनिक शायरी निदा के ज़िक्र के बिना अधूरी रह जाती है। उनमें भारतीय जीवन अपने लोकरंगों के लिबास में पूरी अस्मिता के साथ उपस्थित है। वे आधुनिकता से पूरी तरह वाबस्ता हैं लेकिन उत्तर-आधुनिकता के उन सिद्धान्तों का पल्ला नहीं पकड़ना चाहते जहाँ उत्तर आधुनिकता अपनी रवायत, अपने इतिहास, अपने बिम्बों, मिथकों और आख्यानों से मुक्ति चाहती है। उनकी शायरी ज़िन्दगी के जीते-जागते तजुर्बात की तर्जुमानी है जिसे सही ढंग से देखने के लिए रूढ़ियों से बाहर आना पड़ता है :

धूप में निकलो
घटाओं में नहाकर देखो
ज़िन्दगी क्या है
किताबों को हटाकर देखो
वो सितारा है चमकने दो यूँ ही आँखों में
क्या ज़रूरी है उसे जिस्म बनाकर देखो।

–कन्हैया लाल नन्दन

132, कैलाश हिल्स
नयी दिल्ली-110065

क्रम

जो खो जाता है मिलकर ज़िन्दगी में
ग़ज़ल है नाम उसका शायरी में।

जो खो जाता है मिलकर

जो खो जाता है मिलकर ज़िन्दगी में
ग़ज़ल है नाम उसका शायरी में।

निकल आते हैं आँसू हँसते-हँसते
ये किस ग़म की कसक है हर खुशी में।

कहीं आँखें, कहीं चेहरा, कहीं लब
हमेशा एक मिलता है, कई में।

चमकती है अँधेरों में खमोशी
सितारे टूटते हैं रात ही में।

गुजर जाती है यूँ ही उम्र सारी
किसी को ढूँढ़ते हैं हम किसी में।

सुलगती रेत में पानी कहाँ था
कोई बादल छुपा था तिश्नगी में।

बहुत मुश्किल है बनजारा मिज़ाजी
सलीक़ा चाहिए आवारगी में।

---

1. प्यास

जानता नहीं कोई

शायरी वहाँ है
जहाँ शायरी नहीं होती

रौशनी वहाँ है
जहाँ रौशनी नहीं होती

आदमी वहाँ है
जहाँ आदमी नहीं होता

शायरी-के लफ़्ज़ों में
रौशनी की शम्ओं में
आदमी के चेहरों में
जुस्तजू है
बेमानी

अब जहाँ भी जो शय है
वो...!
वहाँ नहीं होती
आग को
समन्दर में
नग़मगी को
पत्थर में
जंग को

कबूतर में
ढूँढ़ने का जोखम ही
आज का मुकद्दर है
जानता नहीं कोई
किसका किस जगह घर है !

जानेवालों से

जानेवालों से राब्ता[1] रखना
दोस्तो, रस्मे-फ़ातहा रखना।

जब किसी से कोई ग़िला रखना
सामने अपने आईना रखना।

घर की तामीर[2] चाहे जैसी हो
इसमें रोने की कुछ जगह रखना।

जिस्म में फैलने लगा है शहर
अपनी तनहाइयाँ बचा रखना।

मस्जिदें हैं नमाज़ियों के लिए
अपने दिल में कहीं खुदा रखना।

मिलना-जुलना जहाँ ज़रूरी हो
मिलने-जुलने का हौसला रखना।

उम्र करने को है पचास को पार
कौन है किस जगह पता रखना।

---

1. सम्बन्ध 2. निर्माण

दस्तकें

दरवाज़े पर हर दस्तक का
जाना-पहचाना
चेहरा है

रोज़ बदलती हैं तारीख़ें
वक़्त मगर
यूँ ही ठहरा है

हर दस्तक है 'उसकी' दस्तक
दिल यूँ ही धोका खाता है
जब भी
दरवाज़ा खुलता है
कोई और नज़र आता है।

जाने वो कब तक आएगा ?
जिसको बरसों से आना है
या बस यूँ ही रस्ता तकना
हर जीवन का जुर्माना है।

रौशनी के फ़रिश्ते

हुआ सवेरा
ज़मीन पर फिर अदब से आकाश
अपने सर को झुका रहा है
कि बच्चे स्कूल जा रहे हैं...

नदी में अस्नान करके सूरज
सुनहरी मलमल की पगड़ी बाँधे
सड़क किनारे
खड़ा हुआ मुस्कुरा रहा है
कि बच्चे स्कूल जा रहे हैं...

हवाएँ सर-सब्ज़ डालियों में
दुआओं के गीत गा रही हैं
महकते फूलों की लोरियाँ
सोते रास्तों को जगा रही हैं
घनेरा पीपल,
गली के कोने से हाथ अपने हिला रहा है
कि बच्चे स्कूल जा रहे हैं...!

फ़रिश्ते निकले हैं रौशनी के
हरेक रस्ता चमक रहा है
ये वक़्त वो है
ज़मीं का हर ज़र्रा

माँ के दिल-सा धड़क रहा है

पुरानी इक छत पे वक़्त बैठा
कबूतरों को उड़ा रहा है
कि बच्चे स्कूल जा रहे हैं
बच्चे स्कूल जा रहे हैं...!

ख़त है कि बदलती रुत

ख़त है कि बदलती रुत या गीतों भरा सावन
इठलाती हुई गलियाँ, शरमाते हुए आँगन।

शीशे-सा धुला चौका, मोती से चुने बरतन
खिलता हुआ इक चेहरा, हँसते हुए सौ दरपन ।

सिमटी हुई चौखट पर इक धूप की बल्ली-सी
नीबू की कियारी में चाँदी के कई कंगन।

बच्चों-सी हुमकती शब, गेंदों से उछलते दिन
चेहरों से धुली ख़ुशियाँ, बालों-सी खुली उलझन

हर पेड़ कोई क़िस्सा, हर घर कोई अफ़साना
हर रास्ता पहचाना, हर चेहरे पे अपनापन।

याद आता है

याद आता है सुना था पहले
कोई अपना भी ख़ुदा था पहले।

मैं वो मक़्तूल* जो क़ातिल न बना
हाथ मेरा भी उठा था पहले।

जिस्म बनने में उसे देर लगी
इक उजाला-सा हुआ था पहले।

फूल जो बाग़ की ज़ीनत ठहरा
मेरी आँखों में खिला था पहले।

आसमाँ, खेत, समन्दर सब लाल
ख़ून काग़ज़ पे उगा था पहले।

शहर तो बाद में वीरान हुआ
मेरा घर ख़ाक हुआ था पहले।

अब किसी से भी शिकायत न रही
जाने किस-किस से गिला था पहले।

---

* क़त्ल किया हुआ

जब भी किसी निगाह ने

जब भी किसी निगाह ने
मौसम सजाए हैं
तेरे लबों के फूल बहुत
याद आए हैं।

निकले थे जब सफ़र पे तो
महदूद था जहाँ
तेरी तलाश ने कई
आलम दिखाए हैं।

रिश्तों का एतिबार
वफ़ाओं का इन्तिज़ार
हम भी चिराग़ लेके
हवाओं में आए हैं।

रस्तों के नाम वक़्त के
चेहरे बदल गए
अब क्या बताएँ किसको
कहाँ छोड़ आए हैं।

ए शाम के फ़रिश्तो
ज़रा देख के चलो
बच्चों ने साहिलों पे
घरौंदे बनाए हैं।

मुँह की बात

मुँह की बात सुने हर कोई
दिल के दर्द को जाने कौन
आवाज़ों के बाज़ारों में
ख़ामोशी पहचाने कौन।

सदियों-सदियों वही तमाशा
रस्ता-रस्ता लम्बी खोज
लेकिन जब हम मिल जाते हैं
खो जाता है जाने कौन।

जाने क्या-क्या बोल रहा था
सरहद, प्यार, किताबें, ख़ून
कल मेरी नींदों में छुपकर
जाग रहा था जाने कौन।

मैं उसकी परछाईं हूँ या
वो मेरा आईना है
मेरे ही घर में रहता है
मेरे जैसा जाने कौन।

किरन-किरन अलसाता सूरज
पलक-पलक खुलती नींदें
धीमे-धीमे बिखर रहा है
ज़र्रा-ज़र्रा जाने कौन।

जो थे वही रहे

बदला न अपने-आपको
जो थे वही रहे
मिलते रहे सभी से
मगर अजनबी रहे।

अपनी तरह सभी को
किसी की तलाश थी
हम जिसके भी क़रीब रहे
दूर ही रहे।

दुनिया न जीत पाओ
तो हारो न आपको
थोड़ी-बहुत तो ज़ह!न में
नाराज़गी रहे।

गुज़रो जो बाग़ से
तो दुआ माँगते चलो
जिसमें खिले हैं फूल
वो डाली हरी रहे।

हर वक़्त हर मुक़ाम पे
हँसना मुहाल है
रोने के वास्ते भी
कोई बेकली रहे।

दो–चार गाम

दो-चार गाम राह को
हमवार देखना
फिर हर क़दम पे इक नयी
दीवार देखना।

आँखों की रौशनी से है
हर संग आईना
हर आईने में खुद को
गुनहगार देखना।

हर आदमी में होते हैं
दस-बीस आदमी
जिसको भी देखना हो
कई बार देखना।

मैदाँ की हार-जीत्त तो
क़िस्मत की बात है
टूटी है जिसके हाथ में
तलवार देखना।

दरिया के उस किनारे
सितारे भी फूल भी
दरिया चढ़ा हुआ हो तो
उस पार देखना।

अच्छी नहीं है शहर के
रस्तों की दोस्ती
आँगन में फैल जाए न
बाज़ार देखना...!

ये ख़ून मेरा नहीं है

तुम्हारी आँखों में
आज किसके लहू की लाली
चमक रही है
ये आग कैसी दहक रही है
पता नहीं
तुमने मेरे धोके में किस पे ख़ंजर चला दिया है
वो कौन था
किसके रास्ते का चराग़ तुमने बुझा दिया है
ये ख़ून मेरा नहीं है
लेकिन तुम्हें भी शायद ख़बर नहीं थी
जहाँ निशाना लगाये बैठे थे
वो मेरी रहगुज़र नहीं थी

मैं कल भी ज़िन्दा था...
आज भी हूँ
मैं कोई चेहरा
कोई इमारत
कोई इलाक़ा नहीं हूँ
सूरज की रौशनी हूँ
मैं ज़िन्दगी हूँ।

तुम्हारे हथियार बेनज़र हैं
तबील सदियों का फ़ासला

वक़्त बन चुका है

तलाश तुमको है जिसकी
वो अब
तुम्हारे अन्दर समा चुका है

तुम्हारी-मेरी ये दुश्मनी भी है
इक मुअम्मा
ख़ुद अपने घर को न आग जब तक
लगाओगे तुम
मुझे नहीं मार पाओगे तुम।

हम हैं कुछ अपने लिए

हम हैं कुछ अपने लिए कुछ हैं ज़माने के लिए
घर से बाहर की फिज़ा हँसने-हँसाने के लिए।

यूँ लुटाते न फिरो मोतियोंवाले मौसम
ये नगीने तो हैं रातों को सजाने के लिए।

अब जहाँ भी हैं वहीं तक लिखो रुदादे-सफ़र*
हम तो निकले थे कहीं और ही जाने के लिए।

मेज़ पर ताश के पत्तों सी सजी है दुनिया
कोई खोने के लिए है कोई पाने के लिए।

तुमसे छुट कर भी तुम्हें भूलना आसान न था
तुमको ही याद किया तुमको भुलाने के लिए।

---

* कथायात्रा

हर तरफ़ हर जगह

हर तरफ़ हर जगह बेशुमार आदमी
फिर भी तनहाइयों का शिकार आदमी।

सुबह से शाम तक बोझ ढोता हुआ
अपनी ही लाश का खुद मज़ार आदमी।

हर तरफ़ भागते-दौड़ते रास्ते...!
हर तरफ़ आदमी का शिकार आदमी।

रोज़ जीता हुआ रोज़ मरता हुआ
हर नए दिन नया इन्तिज़ार आदमी।

ज़िन्दगी का मुकद्दर सफ़र-दर-सफ़र
आख़िरी साँस तक बेक़रार आदमी।

एक ख़त

तुम आईने की आराइश में जब
खोयी हुई सी थीं
खुली आँखों की गहरी नींद में
सोयी हुई सी थीं
तुम्हें जब अपनी चाहत थी
मुझे तुमसे मुहब्बत थी।

तुम्हारे नाम की खुशबू से जब
मौसम सँवरते थे
फ़रिश्ते जब तुम्हारे रात-दिन
लेकर उतरते थे
तुम्हें पाने की हसरत थी
मुझे तुमसे मुहब्बत थी।

तुम्हारे ख़्वाब जब आकाश के
तारों में रौशन थे
गुलाबी अखड़ियों में धूप थी
आँचल में सावन थे
बहुत सौं से रक़ाबत* थी
मुझे तुमसे मुहब्बत थी।

---

* एक नायिका के दो प्रेमियों की लाग-डाँट

तुम्हारा ख़त मिला
मैं याद हूँ तुमको इनायत है
बदलते वक़्त की लेकिन
हरेक दिल पर हुकूमत है।

वो पहले की हक़ीक़त थी
मुझे तुमसे मुहब्बत थी
मुझे तुमसे मुहब्बत थी।

सफ़र को जब भी

सफ़र को जब भी किसी
दास्तान में रखना
क़दम यक़ीन में, मंज़िल
गुमान में रखना।

जो साथ है वही घर का
नसीब है लेकिन
जो खो गया है उसे भी
मकान में रखना।

जो देखती हैं निगाहें
वही नहीं सब कुछ
ये एहतियात भी अपने
बयान में रखना।

वो एक ख़्वाब जो चेहरा
कभी नहीं बनता
बना के चाँद उसे
आसमान में रखना।

चमकते चाँद-सितारों का
क्या भरोसा है

ज़मीं की धूल भी अपनी
उड़ान में रखना।

सवाल तो बिना मेहनत के
हल नहीं होते
नसीब को भी मगर
इम्तहान में रखना।

गरज–बरस प्यासी धरती पर

गरज-बरस प्यासी धरती पर
फिर पानी दे मौला
चिड़ियों को दाना, बच्चों को
गुड़धानी दे मौला।

दो और दो का जोड़ हमेशा
चार कहाँ होता है
सोच-समझवालों को थोड़ी
नादानी दे मौला।

फिर रौशन कर ज़हर का प्याला
चमका नई सलीबें
झूठों की दुनिया में सच को
ताबानी* दे मौला।

फिर मूरत से बाहर आकर
चारों ओर बिखर जा
फिर मन्दिर की कोई 'मीरा'
दीवानी दे मौला।

तेरे होते कोई किसी की
जान का दुश्मन क्यों हो
जीनेवालों को मरने की
आसानी दे मौला।

* जगमगाहट

दिल में न हो जुर्अत

दिल में न हो जुर्अत तो
मुहब्बत नहीं मिलती
खैरात में इतनी बड़ी
दौलत नहीं मिलती

कुछ लोग यूँ ही शहर में
हमसे भी खफ़ा हैं
हर एक से अपनी भी
तबीअत नहीं मिलती

देखा था जिसे मैंने
कोई और था शायद
वो कौन है जिससे तेरी
सूरत नहीं मिलती

हँसते हुए चेहरों से है
बाज़ार की ज़ीनत
रोने की यहाँ वैसे भी
फ़ुरसत नहीं मिलती

निकला करो ये शमा लिये
घर से भी बाहर
तन्हाई सजाने को
मुसीबत नहीं मिलती

आख़िरी सच

वही है ज़िन्दा...!
गरजते बादल
सुलगते सूरज
छलकती नदियों के साथ है जो

खुद अपने क़दमों की
धूप है जो
खुद अपनी आँखों की रात है जो

वही है ज़िन्दा
बुज़ुर्ग सच्चाइयों की राहों में
तजरिबों का अज़ाब है जो
सुकूँ नहीं
इज़्तिराब* है जो

वही है ज़िन्दा
जो चल रहा है
वही है ज़िन्दा
जो गिर रहा है, सँभल रहा है
वही है ज़िन्दा
जो लम्हा-लम्हा
बदल रहा है

---

* बेचैनी

दुआ करो आसमाँ से उस पर
कोई सहीफ़ा* उतर न आएं
खुली फ़िज़ाओं में
आख़िरी सच का ज़हर फिर से बिखर न जाए।

---

* आसमानी ग्रन्थ

अपना ग़म ले के

अपना ग़म ले के कहीं और न जाया जाए
घर में बिखरी हुई चीज़ों को सजाया जाए।

जिन चिराग़ों को हवाओं का कोई खौफ़ नहीं
उन चिराग़ों को हवाओं से बचाया जाए।

बाग़ में जाने के आदाब हुआ करते हैं
किसी तितली को न फूलों से उड़ाया जाए।

ख़ुदकशी करने की हिम्मत नहीं होती सबमें
और कुछ दिन अभी औरों को सताया जाए।

घर से मस्जिद है बहुत दूर चलो यूँ कर लें
किसी रोते हुए बच्चे को हँसाया जाए।

बस का सफ़र

मैं चाहता हूँ
यह चौकोर धूप का टुकड़ा
उलझ रहा है जो बालों में उसको सुलझा दो
यह दाएँ बाजू पर
नन्हीं-सी इक कली-सा निशान
जो अब की बार दोपट्टा उड़े
तो सहला दूँ
खुली किताब को हाथों से छीन कर रख दूँ
ये फ़ाख़्ताओं से दो पाँव
गोद में भर लूँ।

कभी-कभी तो सफ़र ऐसे रास आते हैं
ज़रा-सी देर में दो घंटे बीत जाते हैं।

पासपोर्ट आफ़िसर के नाम

करांची[1] एक माँ है
बम्बई बिछड़ा हुआ बेटा
यह रिश्ता प्यार का पाकीज़ा रिश्ता है जिसे
अब तक
न कोई तोड़ पाया है
न कोई तोड़ सकता है
गलत है रेडियो, झूठी हैं सब अख़बार की ख़बरें।

न मेरी माँ कभी तलवार ताने रन में आई है
न मैंने अपनी माँ के सामने बन्दूक़ उठाई है।

यह कैसा शोरो-हंगामा है
यह कैसी लड़ाई है।

1. जंग के दिनों मेरी माँ कराची में और मैं बम्बई में था।

नई–नई आँखें हों तो...

नई-नई आँखें हों तो हर मंज़र अच्छा लगता है...!
कुछ दिन शहर में घूमे लेकिन, अब घर अच्छा लगता है।

मिलने-जुलनेवालों में तो सारे अपने जैसे हैं...
जिससे अब तक मिले नहीं वो अक्सर अच्छा लगता है।

मेरे आँगन में आए या तेरे सर पर चोट लगे
सन्नाटों में बोलनेवाला पत्थर अच्छा लगता है।

चाहत हो या पूजा सबके अपने-अपने साँचे हैं
जो मूरत में ढल जाये वो पैकर* अच्छा लगता है।

हमने भी सोकर देखा है नए-पुराने शहरों में
जैसा भी है अपने घर का बिस्तर अच्छा लगता है।

---

* आकृति

सहर[1]

सुनहरी धूप की कलियाँ खिलाती
घनी शाखों में चिड़ियों को जगाती
हवाओं के दुपट्टे को उड़ाती

ज़रा-सा चाँद माथे पर उगा के
रसीले नैन काजल से सजा के
चमेली की कली बालों में टाँके

सड़क पर नन्हें-नन्हें पाँव धरती
मज़ा ले-ले के बिस्कुट को कुतरती

सहर मकतब[2] में पढ़ने जा रही है
धुँदलकों से झगड़ने जा रही है

1. सवेरा 2. पाठशाला

छोटी-सी हँसी

सूनी-सूनी थी फिज़ा
मैंने यूँ ही
उसके बालों में गुँथी ख़ामोशियों को
छू लिया...!

वो मुड़ी, थोड़ा हँसी
मैं भी हँसा
फिर हमारे साथ

नदियाँ, वादियाँ, कोहसार, बादल
फूल, कोंपल, शहर, जंगल
सबके सब हँसने लगे

इक मुहल्ले में किसी घर के
किसी कोने की, छोटी-सी हँसी ने

दूर तक फैली हुई दुनिया को
रौशन कर दिया है
ज़िन्दगी में
ज़िन्दगी का रंग फिर से भर दिया है

हम हैं कुछ अपने लिए
कुछ हैं ज़माने के लिए

घर से बाहर की फिज़ा
हँसने-हँसाने के लिए

यूँ लुटाते न फिरो
मोतियों वाले मौसम
ये नगीने तो हैं
रातों को सजाने के लिए

अब जहाँ भी हैं
वहीं तक लिखो रुदादे-सफ़र।

एक मुलाक़ात

नीम तले दो जिस्म अजाने,
चम-चम बहता नदिया जल
उड़ी-उड़ी चेहरे की रंगत
खुले-खुले ज़ुल्फ़ों के बल

दबी-दबी कुछ गीली साँसें,
झुके-झुके-से नयन-कँवल
नाम उसका ? दो नीली आँखें
ज़ात उसकी ? रस्ते की रात
मज़हब उसका ? भीगा मौसम
पता ? बहारों की बरसात

दो सहेलियाँ

बैठे-बैठे ऊब रहे हैं
आओ सहेली
सरपट भागें
सिर के बाल तलक खुल जाएँ
धम-धम !
यूँ दहलीज़ें लाँघें।

घुटनों-घुटनों ताल में चल कर
मुँह-मुँह तक
गागर भर लाएँ
और निशाने ताक-ताक कर
पत्थर से पत्थर टकराएँ।

बरगद की नंगी डाली पर
बिन झूले के
ऐसा झूलें
लॉकिट चुटले में फँस जाए
अँगूठे पेशानी छू लें।

हँसी-हँसी में इक दूजे पर
बदली बन-बन कर यूँ रहें,
आटे जैसा कस कर गूँधें
कई जगह से टूटें-फूटें !

भोर

गूँज रही हैं
चंचल चकियाँ
नाच रहे हैं सूप
आँगन-आँगन
छम-छम छम-छम
घूँघट काढ़े रूप
हौले-हौले
बछिया का मुँह चाट रही है गाय
धीमे-धीमे
जाग रही है
आड़ी-तिरछी धूप।

फिर यूँ हुआ

मुमकिन है चन्द रोज़
परीशाँ रही हो तुम
यूँ भी हुआ हो, वक़्त पर सूरज उगा न हो
इमली में कोई अच्छा क़तारा पका न हो
छत की खुली हवाओं में आँचल उड़ा न हो

दो-तीन दिन रजाई में सर्दी रुकी न हो
कमरे की रात पंख पसारे उड़ी न हो

हँसने की बात पर भी ब-मुश्किल हँसी हो तुम
मुमकिन है चन्द रोज़ परीशाँ रही हो तुम

कुछ दिन खतों में आँसू बहे शोरो-गुल हुआ
तुम ज़हर पी के सोईं !
मैं इंजन से कट गया !

फिर यूँ हुआ कि धूप अब्र छँट गया
मैंने वतन से कोसों परे घर बसा लिया
तुमने पड़ोस में 'नया भाई' बना लिया।

बेख़्वाब नींद

न जाने कौन वह बहुरूपिया है
जो हर शब
मेरी थकी हुई पलकों की सब्ज़ छाँव में
तरह-तरह के करिश्मे दिखाया करता है
　　लपकती सुर्ख़ लपट
　　झूमती हुई डाली
चमकते ताल के पानी में डूबता पत्थर
उभरते फैलते घेरों में तैरते खंजर
उछलती गेंद रबड़ की, सधे हुए दो हाथ
सुलगते खेत की मिट्टी पे टूटती बरसात
　　अजीब ख्वाब हैं यह !

बिना वुज़ू[1] किए सोई नहीं कभी मैं तो ! !
　　मैं सोचती हूँ किसी रोज़ अपनी भाभी के
　　चमकते पाँव की पाज़ेब तोड़ कर रख दूँ,
　　बड़ी शरीर है हर वक़्त शोर करती है
　　　　किसी तरह सही बेख़्वाब नींद तो आए
　　　　घड़ी-घड़ी की मुसीबत से जान छुट जाए

1. नमाज़ के लिए हाथ-मुँह धोना

कुछ भी बचा न कहने को

कुछ भी बचा न कहने को हर बात हो गई
आओ कहीं शराब पिएँ रात हो गई।

सूरज को चोंच में लिए मुर्गा खड़ा रहा
खिड़की के पर्दे खींच दिए रात हो गई।

वह आदमी अब कितना भला, कितना पुरखुलूस
उससे भी आज लीजे मुलाक़ात हो गई।

रस्ते में वह मिला था मैं बच कर गुज़र गया
उस की फटी कमीज़ मेरे साथ हो गई।

नक्शा उठा के कोई नया शहर ढूँढ़िए
इस शहर में तो सबसे मुलाक़ात हो गई।

लापता

मैं यहाँ आया था
मेरे दोस्त सारे जानते हैं
क़हक़हे मेरे अभी तक
होटलों में
महफ़िलों में
मैक़दों में
सूखे फूलों की तरह बिखरे पड़े हैं

मुद्दतों से मैं भटकता फिर रहा हूँ
किस से पूछूँ
मैं कहाँ हूँ ?

जगमगाते शहर के सुनसान से रस्ते पे
शायद
आग उगलते संगदिल सूरज ने
मुझ को
क़त्ल करके
गेहूँ बोए खेत में दफ़ना दिया है
अब तुम्हारी याद भी शायद न मुझको ढूँढ़ पाए

मैं यहाँ आया था।

कुछ तबीअत ही मिली थी ऐसी

कुछ तबीअत ही मिली थी ऐसी,
चैन से जीने की सूरत न हुई
जिसको चाहा उसे अपना न सके,
जो मिली उससे मुहब्बत न हुई।

जिससे जब तक मिले दिल ही से मिले,
दिल जो बदला तो फ़साना बदला
रस्मे दुनिया को निभाने के लिए,
हमसे रिश्तों की तिजारत न हुई।

दूर से था वो कई चेहरों में,
पास से कोई भी वैसा न लगा
बेवफाई भी उसी का था चलन,
फिर किसी से ये शिकायत न हुई।

छोड़ कर घर को कहीं जाने से,
घर में रहने की इबादत थी बड़ी
झूठ मशहूर हुआ राजा का सच,
की बाज़ार में शोहरत न हुई।

वक़्त रूठा रहा बच्चे की तरह,
राह में कोई खिलौना न मिला
दोस्ती की तो निभाई न गई,
दुश्मनी में भी अदावत न हुई।

ये ज़िन्दगी

ये ज़िन्दगी
आज जो तुम्हारे
बदन की छोटी-बड़ी नसों में
मचल रही है
तुम्हारे पैरों से
चल रही है
तुम्हारी आवाज़ में गले से
निकल रही है
तुम्हारे लफ़्ज़ों में
ढल रही है।

ये ज़िन्दगी...!
जाने कितनी सदियों से
यूँ ही शक्लें
बदल रही है।

बदलती शक्लों
बदलते ज़िस्मों में
चलता-फिरता ये इक शरारा
जो इस घड़ी
नाम है तुम्हारा !

इसी से सारी चहल-पहल है।

इसी से
रौशन है हर नज़ारा

सितारे तोड़ो
या घर बसाओ
अलम* उठाओ
या सर झुकाओ

तुम्हारी आँखों की रौशनी तक
है खेल सारा
ये खेल होगा नहीं दोबारा।

---

* जंग का निशान

अपनी मर्ज़ी से कहाँ

अपनी मर्ज़ी से कहाँ अपने सफ़र के हम हैं
रुख़ हवाओं का जिधर का है, उधर के हम हैं।

पहले हर चीज़ थी अपनी मगर अब लगता है
अपने ही घर में, किसी दूसरे घर के हम हैं।

वक़्त के साथ है मिट्टी का सफ़र सदियों से
किसको मालूम, कहाँ के हैं, किधर के हम हैं।

जिस्म से रूह तलक अपने कई आलम हैं
कभी धरती के, कभी चाँद नगर के हम हैं।

चलते रहते हैं कि चलना है मुसाफ़िर का नसीब
सोचते रहते हैं, किस राहगुज़र के हम हैं।

गिनतियों में ही गिने जाते हैं हर दौर में हम
हर क़लमकार की बेनाम ख़बर के हम हैं।

ये जब की बात है तुम भी न थे निगाहों में
तुम्हारे नाम की ख़ुशबू थी मेरी राहों में।

सपना ज़िन्दा है

धरती और आकाश का रिश्ता
जुड़ा हुआ है
इसीलिए चिड़िया उड़ती है
इसीलिए नदिया बहती है

इसीलिए है
चाय की प्याली में
कड़वाहट
इसीलिए तो
चेहरा बनती है हर आहट

धरती और आकाश का रिश्ता
जुड़ा हुआ है
इसीलिए तो
कहीं-कहीं से कुछ अच्छा है
कुछ खोटा है
कुछ सच्चा है

सामनेवाली खिड़की
जूड़ा बाँध रही है
धीमे-धीमे
सोया रस्ता जाग रहा है

उछल रही है तंग गली में
गेंद रबड़ की
उसके पीछे-पीछे
बच्चा भाग रहा है

रात और दिन के बीच
कहीं सपना ज़िन्दा है
मरी नहीं है
अब तक ये दुनिया ज़िन्दा है !
धरती और आकाश का रिश्ता जुड़ा हुआ है।

शिकायत

तुम्हारी शिकायत बजा है
मगर तुमसे पहले भी
दुनिया यही थी
यही आज भी है
यही कल भी होगी...।

तुम्हें भी
इसी ईंट-पत्थर की दुनिया में
पल-पल बिखरना है
जीना है
मरना है

बदलते हुए मौसमों की ये दुनिया
कभी गर्म होगी
कभी सर्द होगी
कभी बादलों में नहाएगी धरती
कभी दूर तक
गर्द* ही गर्द होगी

फ़क़त एक तुम ही नहीं हो
यहाँ

---

* धूल

जो भी अपनी तरह सोचता
ज़माने की बेरगियों से ख़फ़ा है
हरेक ज़िन्दगी
इक नया तजुर्बा है

मगर जब तलक
ये शिकायत है ज़िन्दा
ये समझो ज़मीं पर मुहब्बत है ज़िन्दा।

कोई अकेला कहाँ है

शुक्रिया ऐ दरख़्त तेरा
तेरी घनी छाँव
मेरे रस्ते की दिलकशी है

शुक्रिया ऐ चमकते सूरज
तेरी शुआओं* से
मेरे आँगन में रौशनी है

शुक्रिया ऐ चहकती चिड़िया
तेरे सुरों से मेरी ख़मोशी में नग़मगी है

पहाड़ मेरे लिए ही
मौसम सजा रहा है
नदी का पानी
हवा से बादल बना रहा है
किसी की सूई से
मेरा कुरता तुरप रहा है
मेरे लिए गुलाब
धूपों में तप रहा है
कोई अकेला कहाँ है

ज़मीं के ज़र्रे से आसमाँ तक

---

* किरणें

हरेक वुजूद एक कारवाँ है
ज़मीन माँ है
हरेक सर पर
हज़ार रिश्तों का आसमाँ है

बँटी हुई सरहदों में
सब कुछ जुड़ा हुआ है
अकेलापन
आदमी की फुरसत का फ़लसफ़ा है।

मुझी में ख़ुदा था

मुझे याद है
मेरी बस्ती के सब पेड़
पर्वत
हवाएँ
परिन्दे
मेरे साथ रोते थे
हँसते थे

मेरे ही दुख में
दरिया किनारों पे सर को पटकते थे

मेरी ही ख़ुशियों में
फूलों पे
शबनम के मोती चमकते थे

यहीं
सात तारों के झुरमुट में
लाशक्ल* सी
जो खुनक* रौशनी थी

---

* बिना शक्ल * ठण्डी

वही जुगनुओं की
चिराग़ों की
बिल्ली की आँखों की ताबन्दगी थी

नदी मेरे अन्दर से होके गुज़रती थी
आकाश...!
आँखों का धोखा नहीं था

ये बात उन दिनों की है
जब इस ज़मीं पर
इबादतघरों की ज़रूरत नहीं थी
मुझी में
ख़ुदा था...!

मिलजुल के बैठना

मिलजुल के बैठने की
रिवायत नहीं रही
रावी[1] के पास कोई
हिलायत[2] नहीं रही

हर ज़िन्दगी है, हाथ में,
कशकोल[3] की तरह
महरूमियों[4] के पास
बग़ावत नहीं रही

मिसमार हो रही हैं
दिलों की इमारतें
अल्लाह के घरों की
हिफ़ाजत नहीं रही

मुल्के-खुदा में सारी ज़मीनें
हैं एक-सी
इस दौर के नसीब में
हिजरत नहीं रही

सब अपनी-अपनी मौत से
मरते हैं इन दिनों
अब दश्ते करबला में
शहादत नहीं रही

---

1. क़िस्सागो 2. क़िस्सा 3. भीख का प्याला 4. अभाव

दिन सलीके से उगा

दिन सलीके से उगा
रात ठिकाने से रही
दोस्ती अपनी भी कुछ
रोज़ ज़माने से रही।

चंद लम्हों को ही बनती हैं
मुसव्विर आँखें
ज़िन्दगी रोज़ तो
तसवीर बनाने से रही।

इस अँधेरे में तो
ठोकर ही उजाला देगी
रात जंगल में कोई शमअ
जलाने से रही।

फ़ासला, चाँद बना देता है
हर पत्थर को
दूर की रौशनी नज़दीक तो
आने से रही।

शहर में सबको कहाँ मिलती है
रोने की जगह
अपनी इज़्ज़त भी यहाँ
हँसने-हँसाने से रही।

चाँद से फूल से

चाँद से फूल से या मेरी
ज़बाँ से सुनिए
हर जगह आपका क़िस्सा है
जहाँ से सुनिए।

सबको आता नहीं दुनिया को
सजाकर जीना
ज़िन्दगी क्या है मुहब्बत की
ज़बाँ से सुनिए।

क्या ज़रूरी है कि हर पर्दा
उठाया जाए
मेरे हालात भी अपने ही
मकाँ से सुनिए।

मेरी आवाज़ ही पर्दा है
मेरे चेहरे का
मैं हूँ ख़ामोश जहाँ मुझको
वहाँ से सुनिए।

कौन पढ़ सकता है
पानी पे लिखी तहरीरें
किसने क्या लिखा है ये
आबे रवाँ* से सुनिए।

---

* बहता पानी

चाँद में कैसे हुई क़ैद
किसी घर की खुशी
ये कहानी किसी मस्जिद की
अज़ाँ से सुनिए...।

बम्बई

यह कैसी बस्ती है
मैं किस तरफ़ चला आया
फज़ा में गूँज रही हैं हज़ारों आवाज़ें
सुलग रही हैं हवाओं में अनगिनत साँसें
जिधर भी देखो
खवे, कूल्हे, पिंडलियाँ, टाँगें
मगर कहीं—
    कोई चेहरा नज़र नहीं आता !

यहाँ तो सब ही बड़े-छोटे अपने चेहरों को
चमकती आँखों को, गालों को, हँसते होंठों को
सरों के खोल से बाहर निकाल लेते हैं।
सवेरे उठते ही
जेबों में डाल लेते हैं !

अजीब बस्ती है !
    इसमें न दिन, न रात, न शाम
    बसों की सीट से सूरज तुलूअ[1] होता है
    झुलसती टीन की खोली में चाँद सोता है
यहाँ तो कुछ भी नहीं !

1. उदय

रेल और बसों के सिवा
        जमीं पे रेंगते बेहिस समुन्दरों के सिवा
        इमारतों को निगलती इमारतों के सिवा
यह कब्र-कब्र जजीरा[1] किसे जगाओगे
खुद अपने आप से उलझोगे, टूट जाओगे
        यहाँ तो कोई भी चेहरा नज़र नहीं आता !

---

1. द्वीप

मौसम आते-जाते हैं

नई-नई पोशाक बदलकर
मौसम आते-जाते हैं
फूल कहाँ जाते हैं जब भी
जाते हैं लौट आते हैं।

शायद कुछ दिन और लगेंगे
ज़ख़्मे-दिल के भरने में
जो अक्सर याद आते थे वो
कभी-कभी याद आते हैं।

चलती फिरती धूप छाँव से
चेहरा बाद में बनता है
पहले-पहले सभी ख़यालों से
तसवीर बनाते हैं।

आँखों देखी कहने वाले
पहले भी कम-कम ही थे
अब तो सब ही सुनी-सुनाई
बातों को दोहराते हैं।

इस धरती पर आकर सबका
अपना कुछ खो जाता है
कुछ रोते हैं कुछ इस ग़म से
अपनी ग़ज़ल सजाते हैं।

मैं ख़ुदा बन के

मस्जिदों-मन्दिरों की दुनिया में
मुझको पहचानते कहाँ हैं लोग।

रोज़ मैं चाँद बन के आता हूँ
दिन में सूरज सा जगमगाता हूँ।

खनखनाता हूँ माँ के गहनों में
हँसता रहता हूँ छुप के बहनों में

मैं ही मज़दूर के पसीने में...!
मैं ही बरसात के महीने में।

मेरी तस्वीर आँख का आँसू
मेरी तहरीर जिस्म का जादू।

मस्जिदों-मन्दिरों की दुनिया में
मुझको पहचानते नहीं, जब लोग।

मैं ज़मीनों को बेजिया* करके
आसमानों में लौट जाता हूँ।

मैं ख़ुदा बन के क़हर ढाता हूँ।

---

* बिना रोशनी

समझौता

यही ज़मीं
जो कहीं धूप है
कहीं साया

यही ज़मीं हो तुम भी
यही ज़मीं मैं भी

यही ज़मीं हक़ीक़त है
इस ज़मीं के सिवा
कहीं भी कुछ नहीं
बीनाइयों का धोखा है

वो आसमान
जो हर दस्तरस से बाहर है
तुम्हारी
आँखों में हो
या मेरी
निगाहों में
दिखाई देता है
लेकिन कभी नहीं मिलता

यही ज़मीं सफ़र है
यही ज़मीं मंज़िल

न मैं तलाश करूँ
तुममें
जो नहीं हो तुम
न तुम
तलाश करो मुझमें
जो नहीं हूँ मैं

कभी किसी को मुकम्मल जहाँ नहीं मिलता
कहीं ज़मीं तो कहीं आसमाँ नहीं मिलता।

यहाँ भी है वहाँ भी

(पाकिस्तान से लौटने के बाद)

इन्सान में हैवान
यहाँ भी है वहाँ भी
अल्लाह निगहबान
यहाँ भी है वहाँ भी

ख़ूँख्वार दरिन्दों के
फ़क़त नाम अलग हैं
शहरों में बयाबान
यहाँ भी है वहाँ भी।

रहमान की क़ुदरत हो
या भगवान की मूरत
हर खेल का मैदान
यहाँ भी है वहाँ भी।

हिन्दू भी मज़े में है
मुसलमाँ भी मज़े में
इन्सान परेशान
यहाँ भी है वहाँ भी।

उठता* है दिलो-जाँ से
धुआँ दोनों तरफ़ ही
ये 'मीर' का दीवान
यहाँ भी है वहाँ भी।

---

* देख तो दिल कि जाँ से उठता है, ये धुआँ सा कहाँ से उठता है—'मीर'

कहीं-कहीं से हर चेहरा

कहीं-कहीं से हर चेहरा
तुम जैसा लगता है
तुमको भूल न पाएँगे हम
ऐसा लगता है।

ऐसा भी इक रंग है जो
करता है बातें भी
जो भी इसको पहन ले वो
अपना-सा लगता है।

तुम क्या बिछड़े भूल गए
रिश्तों की शराफ़त हम
जो भी मिलता है कुछ दिन ही
अच्छा लगता है।

अब भी यूँ मिलते हैं हमसे
फूल चमेली के
जैसे इनसे अपना कोई
रिश्ता लगता है।

और तो सब कुछ ठीक है लेकिन
कभी-कभी यूँ ही
चलता-फिरता शहर अचानक
तन्हा लगता है।

देखा हुआ सा कुछ

देखा हुआ सा कुछ है
तो सोचा हुआ सा कुछ
हर वक़्त मेरे साथ है
उलझा हुआ सा कुछ।

होता है यूँ भी, रास्ता
खुलता नहीं कहीं
जंगल-सा फैल जाता है
खोया हुआ सा कुछ।

साहिल की गीली रेत पर
बच्चों के खेल-सा
हर लम्हा मुझमें बनता
बिखरता हुआ सा कुछ।

फुरसत ने आज घर को सजाया
कुछ इस तरह
हर शय से मुस्कुराता है
रोता हुआ सा कुछ।

धुँधली-सी एक याद किसी
क़ब्र का दिया

और !   मेरे   आस-पास
                    चमकता हुआ सा कुछ।

कभी-कभी यूँ भी हमने अपने जी को बहलाया है
जिन बातों को ख़ुद नहीं समझे, औरों को समझाया है।

धूप में निकलो

धूप में निकलो घटाओं में
नहाकर देखो
ज़िन्दगी क्या है, किताबों को
हटाकर देखो।

सिर्फ़ आँखों से ही दुनिया
नहीं देखी जाती
दिल की धड़कन को भी बीनाई*
बनाकर देखो।

पत्थरों में भी ज़बाँ होती है
दिल होते हैं
अपने घर के दरो-दीवार
सजाकर देखो।

वो सितारा है चमकने दो
यूँ ही आँखों में
क्या ज़रूरी है उसे जिस्म
बनाकर देखो।

फ़ासला नज़रों का धोका भी
तो हो सकता है
चाँद जब चमके ज़रा हाथ
बढ़ाकर देखो।

---

* ज्योति

बेसन की सोंधी रोटी

बेसन की सोंधी रोटी पर
खट्टी चटनी-जैसी माँ
याद आती है चौका-बासन
चिमटा, फुकनी-जैसी माँ।

बान की खुर्री खाट के ऊपर
हर आहट पर कान धरे
आधी सोयी आधी जागी
थकी दोपहरी-जैसी माँ।

चिड़ियों की चहकार में गूँज़े
राधा-मोहन, अली-अली
मुर्ग़े की आवाज़ से खुलती
घर की कुण्डी-जैसी माँ।

बीवी, बेटी, बहन, पड़ोसन
थोड़ी-थोड़ी-सी सब में
दिन भर इक रस्सी के ऊपर
चलती नटनी-जैसी माँ।

बाँट के अपना चेहरा, माथा
आँखें जाने कहाँ गई
फटे पुराने इक अलबम में
चंचल लड़की-जैसी माँ।

आकाश की तलाश

हमें
जिस ज़मीं पर उतारा गया है
कहीं
पर्वतों की है ऊँचाई इसमें
कहीं
वादियों-सी है नीचाई इसमें

यहाँ से
जो आकाश का फ़ासला है
कहीं से है छोटा
कहीं से बड़ा है

किसी के क़दम-दो क़दम पर सितारे
किसी को
सदा यूँ ही चलना पड़ा है

इसी दूरो-नज़दीक के फ़ासलों में
कोई पा के आकाश को खो रहा है
कोई खो के आकाश को रो रहा है

उठ के कपड़े बदल

उठ के कपड़े बदल, घर से बाहर निकल
जो हुआ सो हुआ।
रात के बाद दिन, आज के बाद कल
जो हुआ सो हुआ।

जब तलक साँस है, भूख है प्यास है
ये ही इतिहास है
रख के काँधे पै हल, खेत की ओर चल
जो हुआ सो हुआ।

खून से तर-ब-तर, करके हर रहगुज़र
थक चुके जानवर
लकड़ियों की तरह, फिर से चूल्हे में जल
जो हुआ सो हुआ।

जो मरा क्यों मरा, जो जला क्यों जला
जो लुटा क्यों लुटा
मुद्दतों से हैं गुम, इन सवालों के हल
जो हुआ सो हुआ।

मन्दिरों में भजन, मस्जिदों में अज़ाँ
आदमी है कहाँ ?
आदमी के लिए एक ताज़ा ग़ज़ल
जो हुआ सो हुआ।

अब ख़ुशी है

अब ख़ुशी है न कोई दर्द रुलाने वाला
हमने अपना लिया हर रंग ज़माने वाला।

एक बेचेहरा-सी उम्मीद है चेहरा-चेहरा
जिस तरफ़ देखिए आने को है आने वाला।

उसको रुख़्सत तो किया था मुझे मालूम न था
सारा घर ले गया घर छोड़ के जाने वाला।

दूर के चाँद को ढूँढ़ो न किसी आँचल में
ये उजाला नहीं आँगन में समाने वाला।

इक मुसाफिर के सफ़र जैसी है सबकी दुनिया
कोई जल्दी में कोई देर में जाने वाला।

वालिद की मौत पर

तुम्हारी कब्र पर
मैं फ़ातिहा पढ़ने नहीं आया
मुझे मालूम था
तुम मर नहीं सकते
तुम्हारी मौत की सच्ची ख़बर जिसने उड़ाई थी
वो झूठा था
वो तुम कब थे
कोई सूखा हुआ पत्ता हवा से हिल के टूटा था
मेरी आँखें
तुम्हारे मंज़रों में कैद हैं अब तक
मैं जो भी देखता हूँ
सोचता हूँ
वो...वही है
जो तुम्हारी नेकनामी और बदनामी की दुनिया थी
कहीं कुछ भी नहीं बदला
तुम्हारे हाथ मेरी उँगलियों में साँस लेते हैं
मैं लिखने के लिए जब भी कलम कागज़ उठाता हूँ
तुम्हें बैठा हुआ मैं अपनी ही कुर्सी में पाता हूँ
बदन में मेरे जितना भी लहू है
वो तुम्हारी लग़ज़िशों
नाकामियों के साथ बहता है
मेरी आवाज़ में छिप कर
तुम्हारा ज़हन रहता है

मेरी बीमारियों में तुम
मेरी लाचारियों में तुम
तुम्हारी कब्र पर जिसने तुम्हारा नाम लिक्खा है
वो झूठा है
तुम्हारी कब्र में मैं दफ़न हूँ
तुम मुझमें ज़िन्दा हो
कभी फुर्सत मिले तो फ़ातिहा पढ़ने चले आना !

नक़ाबें

नीली, पीली, हरी, गुलाबी
मैंने सब रंगीन नक़ाबें
अपनी जेबों में भर ली हैं
अब मेरा चेहरा नंगा है
बिल्कुल नंगा

अब !
मेरे साथी ही
मुझ पर
पग-पग
पत्थर फेंक रहे हैं
शायद वह
मेरे चेहरे में अपने चेहरे देख रहे हैं।

वक़्त से पहले

यूँ तो
हर रिश्ते का अंजाम यही होता है
फूल खिलता है
महकता है
बिखर जाता है

तुमसे
वैसे तो नहीं कोई शिकायत
लेकिन—
शाख हो सब्ज[1] तो
हस्सास[2] फजा होती है
हर कली ज़ख़्म की सूरत ही
जुदा होती है

तुमने
बेकार ही मौसम को सताया
वर्ना
फूल जब खिल के महक जाता है
ख़ुद-ब-ख़ुद
शाख़ से गिर जाता है।

---

1. हरी 2. भावुक

सर्दी

कुहरे की झीनी चादर में
    यौवन रूप छिपाए
चौपालों पर
    मुस्कानों की आग उड़ाती जाए
    गाजर तोड़े
    मूली नोचे
    पके टमाटर खाये
    गोदी में इक भेड़ का बच्चा
    आँचल में कुछ सेब
    धूप सखी की अँगुली पकड़े
    इधर-उधर मँडराए।

एक लड़की

वह फूल-फूल नज़र साँवली-सी इक लड़की
जो रोज़ मेरी गली से गुज़र के जाती है।

सुना है,
वह किसी लड़के से प्यार करती है
बहार हो के तलाशे-बहार करती है।

न कोई मेल न कोई लगाव है लेकिन
न जाने क्यों, बस उसी वक़्त जब वह आती है
कुछ इन्तज़ार की आदत-सी हो गई है मुझे
इक अनजबी की ज़रूरत-सी हो गई है मुझे।

मेरे बरांडे के आगे यह फूस का छप्पर
गली के मोड़ पे उखड़ा हुआ-सा इक पत्थर
यह एक झुकती हुई बदनुमा-सी नीम की शाख
और उस पर जंगली कबूतर के घोंसले का निशां।

ये सारी चीज़ें कि जैसे मुझी में शामिल हैं
मेरे दुखों में, मेरी हर ख़ुशी में शामिल हैं।

मैं चाहता हूँ कि वह भी यूँही गुजरती रहे
इसी तरह से ही लड़के से प्यार करती रहे।

हम्द*

नील गगन पर बैठे
कब तक
चाँद सितारों से झाँकोगे।

पर्वत की ऊँची चोटी से
कब तक
दुनिया को देखोगे।

आदर्शों के बन्द ग्रन्थों में
कब तक
आराम करोगे।

मेरा छप्पर
टपक रहा है
बनकर सूरज
इसे सुखाओ।

खाली है
आटे का कनस्तर
बनकर गेहूँ
इसमें आओ।

---

* प्रार्थना

माँ का चश्मा
टूट गया है
बनकर शीशा
इसे बनाओ।

चुप-चुप हैं आँगन में बच्चे
बनकर गेंद
इन्हें बहलाओ।

शाम हुई है चाँद उगाओ
पेड़ हिलाओ
हवा चलाओ।

काम बहुत हैं
हाथ बटाओ
अल्ला मियाँ
मेरे घर भी आ ही जाओ
अल्ला मियाँ...!

एक जवान याद

वक़्त ने
मेरे बालों में चाँदी भर दी
इधर-उधर जाने की आदत कम कर दी।

आईना जो कहता है
सच कहता है
एक-सा चेहरा-मोहरा किसका रहता है

इसी बदलते वक़्त सहरा में लेकिन
कहीं किसी घर में
इक लड़की ऐसी है
बरसों पहले जैसी थी वो
अब भी बिल्कुल
वैसी है।

मैं जीवन हूँ

वो जो
फटे-पुराने जूते गाँठ रहा है
वो भी मैं हूँ।

वो जो घर-घर
धूप की चाँदी बाँट रहा है
वो भी मैं हूँ।

वो जो
उड़ते परों से अम्बर पाट रहा है
वो भी मैं हूँ।

वो जो
हरी-भरी आँखों को काट रहा है
वो भी मैं हूँ।

सूरज-चाँद
निगाहें मेरी
साल-महीने राहें मेरी।

कल भी मुझमें
आज भी मुझमें
चारों ओर दिशाएँ मेरी।

अपने-अपने
आकारों में
जो भी चाहे भर ले मुझको।

जिसमें जितना समा सकूँ मैं
उतना
अपना कर ले मुझको।

हर चेहरा है मेरा चेहरा
बेचेहरा इक दर्पण हूँ मैं
मट्टी हूँ मैं
जीवन हूँ मैं।

दिया तो बहुत ज़िन्दगी ने मुझे

कहीं छत थी, दीवारो-दर थे कहीं
मिला मुझको घर का पता देर से
दिया तो बहुत ज़िन्दगी ने मुझे
मगर जो दिया वो दिया देर से

हुआ न कोई काम मामूल से
गुज़ारे शबो-रोज़ कुछ इस तरह
कभी चाँद चमका ग़लत वक़्त पर
कभी घर में सूरज उगा देर से

कभी रुक गए राह में बेसबब
कभी वक़्त से पहले घिर आई शब
हुए बन्द दरवाज़े खुल-खुल के सब
जहाँ भी गया मैं गया देर से

ये सब इत्तिफ़ाक़ात का खेल है
यहीं से जुदाई, यही मेल है
मैं मुड़-मुड़ के देखा किया दूर तक
बनी वो ख़मोशी, सदा देर से

सजा दिन भी रौशन हुई रात भी
भरे जाम लहराई बरसात भी
रहे साथ कुछ ऐसे हालात भी
जो होना था जल्दी हुआ देर से

भटकती रही यूँ ही हर बन्दगी
मिली न कहीं से कोई रौशनी
छुपा था कहीं भीड़ में आदमी
हुआ मुझमें रौशन ख़ुदा देर से

एक लुटी हुई बस्ती की कहानी

बजी घंटियाँ
ऊँचे मीनार गूँजे
सुन्हेरी सदाओं ने
उजली हवाओं की पेशानियों पर

रहमत के
बरक़त के
पैग़ाम लिक्खे–
वुज़ू करती सुब्हें
खुली कोहनियों तक
मुनव्वर हुईं–
झिलमिलाए अँधेरे
–भजन गाते आँचल ने
पूजा की थाली से
बाँटे सवेरे

खुले द्वार !
बच्चों ने बस्ता उठाया
बुज़ुर्गों ने–
पेड़ों को पानी पिलाया
–नए हादिसों की खबर ले के
बस्ती की गलियों में
अख़बार आया
खुदा की हिफ़ाज़त की ख़ातिर

पुलिस ने
पुजारी के मन्दिर में
मुल्ला की मस्जिद में
पहरा लगाया।

खुदा, इन मकानों में लेकिन कहाँ था
सुलगते मुहल्लों के दीवारो-दर में
वही जल रहा था जहाँ तक धुआँ था
वही जल रहा था।

एक तस्वीर

सुब्ह की धूप
धुली शाम का रूप
फ़ाख़्ताओं की तरह सोच में डूबे तालाब
अजनबी शहर के आकाश
धुँधलकों की किताब
पाठशाला में
चहकते हुए मासूम गुलाब
        घर के आँगन की महक
        बहते पानी की खनक
        सात रंगों की धनक
तुम को देखा तो नहीं है लेकिन
मेरी तन्हाई में
ये रंग-बिरंगे मंज़र
जो भी तस्वीर बनाते हैं
वह तुम जैसी है।

दो खिड़कियाँ

आमने सामने दो नई खिड़कियाँ

जलती सिगरेट की लहराती आवाज़ में
सुई-डोरे के रंगीन अल्फ़ाज़ में
मशवरा कर रही हैं कई रोज़ से

शायद अब
बूढ़े दरवाज़े सिर जोड़ कर
वक्त की बात को वक्त पर मान लें
बीच की टूटी-फूटी गली छोड़ कर
खिड़कियों के इशारों को पहचान लें!

बेख़बरी

पड़ोसी के बच्चे को क्यों डाँटती हो
शरारत तो बच्चों का शेवा रहा है।

बिचारी सुराही का क्या दोष इसमें
कभी ताज़ा पानी भी ठंडा हुआ है!

सहेली से बेकार नाराज़ हो तुम
दुपट्टे पे धब्बा तो कल का पड़ा है।

रिसाले[1] को झुँझला के क्यों फेंकती हो
बिना ध्यान के भी कोई पढ़ सका है!
किसी जाने वाले को आख़िर ख़बर क्या
जहाँ लड़कियाँ होट कम खोलती हैं
परिन्दों की पर्वाज़[2] में ड़ोलती हैं
महक बन के हर फूल में बोलती हैं।

1. पत्रिका 2. उड़ान

एक बात

उसने
अपना पैर खुजाया
अँगूठी के नग को देखा
उठ कर
ख़ाली जग को देखा
चुटकी से एक तिनका तोड़ा
चारपाई का बान मरोड़ा

भरे-पुरे घर के आँगन में
कभी-कभी वह बात
जो लब तक
आते-आते खो जाती है
कितनी सुन्दर हो जाती है !

नील गगन में

नील गगन में तैर रहा है, उजला-उजला पूरा चाँद
किन आँखों से देखा जाए, चंचल चेहरे जैसा चाँद

मुन्नी की भोली बातों-सी चटकीं तारों की कलियाँ
पप्पू की ख़ामोश शरारत-सा छुप-छुप कर उभरा चाँद

मुझसे पूछो कैसे काटी मैंने पर्वत जैसी रात
तुमने तो गोदी में लेकर घंटों चूमा होगा चाँद

परदेसी सूनी आँखों में शोले से लहराते हैं
भाभी की छेड़ों से बादल, आपा की चुटकी-सा चाँद

तुम भी लिखना, तुमने उस शब कितनी बार पिया पानी
तुमने भी तो छज्जे ऊपर देखा होगा पूरा चाँद।

नए घर की पहली नज़्म

चार दीवारों पे छत बाँध के
जब वो उतरा
जिस्म था उसका
पसीने से सराबोर
मगर
उसको आराम की मोहलत न मिली
घर की दीवारों ने
दीवारों की ज़ीनत के लिए
नीले आकाश में उड़ते हुए उसके सिर को
एक कमरे में
मुक़फ़्फ़ल करके
उसके बेसिर के बदन के ऊपर
साजो सामान की
फ़हरिस्त लगा दी ऐसे
कोई ढलवान पर
पहिए को घुमा दे जैसे
        देखते-देखते
        टी.वी.
        फ्रिज़
        सोफा बन के
आदमी खो गया इज्ज़त का तमाशा बन के
हर घड़ी भागते रहना है—

पहला पानी

छन-छन करती टीन की चादर
सन-सन बजते पात
पिंजरे का तोता
दुहराता
        रटी-रटाई बात

मुट्ठी में दो जामुन
मुँह में
एक चमकती सीटी
आँगन में चक्कर खाती है
        छोटी-सी बरसात।

एक दिन

सूरज!
इस नटखट बालक-सा
दिन भर शोर मचाए
इधर-उधर चिड़ियों को बिखेरे
किरणों को छितराए
कलम, दरांती, ब्रश, हथौड़ा
जगह-जगह फैलाए

शाम !
थकी-हारी माँ जैसी
एक दिया मिलकाये
धीमे-धीमे
सारी बिखरी चीज़ें चुनती जाये

इज़हार

शाम होने को है
          पीली धूप
          छज्जे में उतर कर
ऊन के गोले-सी बिस्तर पर पड़ी है
          रंग में डूबी दिशाएँ
          पत्तियों में सरसराती अप्सराएँ

तुम नहीं हो
चाहता हूँ इस घड़ी जो ज़हन में है नज़्म[1] कर दें

          शब्द सारे शब्द
          कितने अजनबी
          कितने अजाने
काँच की प्याली को चकनाचूर कर दूँ
सब किताबों पर नए कागज़ चढ़ा दूँ
नीम की डाली से चिड़िया को उड़ा दूँ
दौड़ते बच्चे को गोदी में उठा कर
रास्ते से इक नई गुड़िया दिला दूँ
रेशमी तलवों को मुँह से गुदगुदा दूँ
          शब्द सारे शब्द
          कितने अजनबी
          कितने अजाने

1. अभिव्यक्त

पैदाइश

बन्द कमरा
छटपटाता घुप अन्धेरा
और
दीवारों से टकराता हुआ
मैं
मुन्तज़िर[1] हूँ मुद्दतों से अपनी पैदाइश के दिन का
अपनी माँ के पेट से
निकला हूँ जब से
मैं
खुद अपने पेट के अन्दर पड़ा हूँ।

---

1. इन्तिजार में

सितम्बर, 1965 ई.

किसी क़साई ने
इक हड्डी छील कर फेंकी
गली के मोड़ से
दो कुत्ते भूँकते उट्ठे
किसी ने पाँव उठाए!
किसी ने दुम पटकी।
बहुत-से कुत्ते खड़े हो के शोर करने लगे

न जाने क्यों मेरा जी चाहा
अपने सब कपड़े
उतार कर किसी चौराहे पर खड़ा हो जाऊँ
हर एक चीज पर झपटूँ
घड़ी-घड़ी चिल्लाऊँ

निढाल हो के—जहाँ चाहूँ
जिस्म फैला दूँ
हज़ारों साल की सच्चाइयों को झुठला दूँ

रुख़्सत होते वक्त

रुख़्सत होते वक्त
उसने कुछ नहीं कहा
लेकिन एयरपोर्ट पर
अटैची खोलते हुए
मैंने देखा
मेरे कपड़ों के नीचे
उसने
अपने दोनों बच्चों की तस्वीर छुपा दी है
तअज्जुब है
छोटी बहन होकर भी
उसने मुझे माँ की तरह दुआ दी है।

सरहद पार का एक ख़त पढ़कर

दवा की शीशी में
सूरज
सुलगती आग में चाँद
उखड़ती साँसों में रह-रह के एक नाम की गूँज
तुम्हारे खत को कई बार पढ़ चुका हूँ मैं

कोई फकीर खड़ा गिड़गिड़ा रहा था अभी
बिना उठे उसे धुतकार कर भगा भी चुका

गली में खेल रहा था पड़ोस का बच्चा
बुला के पास उसे मार कर रुला भी चुका

बस एक आख़िरी सिगरेट बचा था पैकिट में
उसे भी फूँक चुका
घिस चुका
न जाने वक्त है क्या, दूर तलक सन्नाटा
फ़क़त मुँडेर के पिंजरे में ऊँघता पंछी
कभी-कभी यूँ ही पंजे चलाने लगता है
फिर अपने आप ही
दाने उठाने लगता है
तुम्हारे ख़त को...

चरवाहा और भेड़ें

जिन चेहरों से रौशन हैं
इतिहास के दर्पण
चलती-फिरती धरती पर
वो कैसे होंगे

सूरत का मूरत बन जाना
बरसों बाद का है अफ़साना
पहले तो हम जैसे होंगे

मिट्टी में दीवारें होंगी
लोहे में तलवारें होंगी
आग, हवा
पानी अम्बर में
जीतें होंगी
हारें होंगी

हर युग का इतिहास यही है—
अपनी-अपनी भेड़ें चुनकर
जो भी चरवाहा होता है
उसके सर पर नील गगन की
रहमत का साया होता है

जो एक दर्द है साँसों में

लिखो कि
चील के पंजों में
साँप का सर है

लिखो कि
साँप का फन
छिपकली के ऊपर है

लिखो कि
मुँह में उसी छिपकली के
झींगुर है

लिखो कि
चेंवटा झींगुर की
दस्तरत में है

लिखो कि
जो भी यहाँ है किसी
क़फस* में है

लिखो कि
कोई बुरा है
न कोई अच्छा है

---

* पिंजरा

लिखो कि
रंग है जो भी नज़र में
कच्चा है

जो एक दर्द है साँसों में
वो ही सच्चा है

ये एक दर्द ही
संघर्ष भी है, ख़्वाब भी है
लिखो कि
ये ही अँधेरों का
माहताब भी है!

एक मुस्कुराहट

चमकते बत्तीस मोतियोंवाली मुस्कुराहट
खुला हुआ बादबाम जैसे
धुला हुआ आसमान जैसे
सहर की पहली अज़ान जैसे

पता नहीं
नाम क्या है उसका
खबर नहीं काम क्या है उसका

वो ठीक छे बज के बीस की
एक जगमगाहट
उतर के होठों से
यूँ मेरे साथ चल रही है
न छाँव कुछ कम है
रास्तों में
न धूप ज़्यादा निकल रही है
मैं जिस तरह
सोचता था
बस्ती उसी तरह से बदल रही है

ये इक सितारा
जो मेरी आँखों में
देर से झिलमिला रहा है
उसे...
समुन्दर बुला रहा है

हमेशा यूँ ही होता है

हमेशा
यूँ ही होता है
घनी ख़ामोशियों के चुप अँधेरों में
कोई मिस्रा[1]
कोई पैकर[2]
अचानक बेइरादा
उड़ते जुगनू-सा चमकता है

इसी की झिलमिलाहट में
कभी धुँधला
कभी रौशन
बिना लफ़्ज़ों की पूरी नज़्म का
चेहरा झलकता है

वो मिस्रा या कोई पैकर
छुपा होता है जो अक्सर
गुज़रती लोकलों में
गीत गाते खाली प्यालों में
गली-कूचों में बिखरे
चायखानों के सवालों में

1. पंक्ति, 2. इमेज

सुलगती बस्तियों
जलते मकानों के उजालों में
कभी बेमानी बहसों में
कभी छोटे रिसालों[3] में
चिराग़ों में
नमक में
तेल में, आटे में, दालों में

वो जब भी तीरगी[4] में
रौशनी बनकर निकलता है
खुला काग़ज
नयी तख़लीक[5] के साँचे में ढलता है
यूँ ही मंजर बदलता है
हमेशा यूँ ही होता है

3. लघु पत्रिका, 4. अँधेरा, 5. रचना

खुदा ही ज़िम्मेदार है

हर एक जुर्म नाम है
जो नाम
संगसार है
वो नाम बेकुसूर है

कुसूरवार भूख है
जो मुद्दतों से
रायफिल है
चीख है
पुकार है
यही गुनहगार है

नहीं ये भूख तो
किसी महल की पहरेदार है
ग़रीब ताबेदार है

गुनहगार है महल
मगर महल तो खुद
सियासतों का इश्तहार[1] है
सियासतों के इर्द गिर्द भी
कोई हिसार[2] है

1. विज्ञापन, 2. घेरा,

अजीब इन्तिशार[3] है
न कोई चोर
चोर है
न कोई साहूकार है
ये कैसा कारोबार है
ख़ुदा की कायनात का
ख़ुदा ही जिम्मेदार है

3. अस्तव्यस्त होना

मेरा घर

जिस घर में अब मैं रहता हूँ
वो मेरा है

इसके कमरों की
आराइश
इसके आँगन की
ज़ेबाइश*
अब मेरी है

मुझसे पहले
मुझसे पहले से भी पहले

ये घर
किस-किस का अपना था
किन-किन आँखों का
सपना था
कब-कब
इसका क्या नक़्शा था ?

ये सब तो
कल का क़िस्सा है

---

* सजावट

इसका आज
मेरा हिस्सा है

आज के, कल बन जाने तक ही
मेरा भी
इससे रिश्ता है

जिस घर में
अब मैं रहता हूँ
वो मेरा है।

छोटा आदमी

तुम्हारे लिए
सब दुआगो हैं
तुम जो न होगे
तो कुछ भी न होगा
इसी तरह
मर-मर के जीते रहो तुम

तुम्हीं हर जगह हो
तुम्हीं मस्अला हो
तुम्हीं हौसला हो

मुसव्वर[1] के रंगों में
तस्वीर भी तुम
मुसन्निफ[2] के लफ़्ज़ों में
तहरीर भी तुम
मुकर्रिर[3] के नारों में
तक़रीर भी तुम

तुम्हारे लिए ही
खुदा बाप ने
अपने इकलौते बेटे को

---

1. चित्रकार, 2. लेखक, 3. वक्ता

कुर्बां किया है
सभी आसमानी किताबों ने
तुम पर
तुम्हारे अज़ाबों को आसाँ किया है

खुदा की बनाई हुई इस ज़मीं पर
जो सच पूछो,
तुमसे मुहब्बत है सबको
तुम्हारे दुखों का मुदावा* न होगा
तुम्हारे
दुखों की ज़रूरत है सबको
तुम्हारे लिए सब दुआगो हैं

* इलाज।

लूट

शहर की गुंजान आबादी में
खुद ही
चलते-चलते रास्ते में खो गईं तुम
पास की फुटपाथ से चुप-चुप खड़ा देखा किया मैं
मोटरों के भागते पहियों के नीचे
टुकड़े-टुकड़े हो के
आकाशी धनुक बिखरी हुई थी

एक लड़की ने तुम्हारी मद भरी आँखें उठा लीं
दूसरी ने खूबसूरत पिंडलियाँ बढ़कर छिपा लीं
तीसरी ने सुर्ख गालों की सभी कलियाँ चुरा लीं
शहर की गुंजान आबादी में

खुद ही
चलते-चलते रास्ते में खो गईं तुम

दोपहर

जिस्म लागर[1], थका-थका चेहरा
हर तबस्सुम पे दर्द का पहरा

हिप्स पर पूरी बेंत की जाली
जेब में गोल मेज़ की ताली
हाथ पर रोशनाई की लाली

उड़ती चीलों का झुण्ड तकती हुई
तपते सूरज से सर को ढकती हुई
कुछ न कुछ मुँह ही मुँह में बकती हुई

खुश्क आँखों पर पानी छपका कर
पीले हाथी[2] का ठूंठ सुलगा कर

दो पहर चाय पीने बैठी है
चाक दामन को सीने बैठी है

---

1. दुर्बल 2. एक पुरानी सिगरेट का ब्रांड

फ़ुरसत

मैं नहीं समझ पाया आज तक इस उलझन को
खून में हरारत थी या तेरी मुहब्बत थी
क़ैस हो कि लैला हो, हीर हो कि रांझा हो
बात सिर्फ़ इतनी है आदमी को फ़ुरसत थी।

•

आती-जाती हर मुहब्बत है, चलो यूँ ही सही,
जब तलक है खूबसूरत हैं, चलो यूँ ही सही।

हम कहाँ के देवता हैं बेवफ़ा वो है तो क्या,
घर में कोई घर की ज़ीनत है, चलो यूँ ही सही।

वो नहीं तो कोई तो होगा कहीं उसकी तरह,
जिस्म में जब तक हरारत है, चलो यूँ ही सही।

मैले हो जाते हैं रिश्ते भी लिबासों की तरह,
दोस्ती हर दिन की मेह्नत है, चलो यूँ ही सही।

भूल थी अपनी, फ़रिश्ता आदमी में ढूँढना,
आदमी में आदमीयत है, चलो यूँ ही सही।

जैसी होनी चाहिए थी वैसी तो दुनिया नहीं,
दुनियादारी भी ज़रूरत है, चलो यूँ ही सही।

जो हो इक बार वो हर बार हो, ऐसा नहीं होता,
हमेशा एक ही से प्यार हो, ऐसा नहीं होता।

हर इक कश्ती का अपना तजुर्बा होता है दरया में
सफ़र में रोज़ ही मंझधार हो, ऐसा नहीं होता।

सिखा देती हैं चलना ठोकरें भी राहगीरों को,
कोई रस्ता सदा दुश्वार हो, ऐसा नहीं होता

कहीं तो कोई होगा जिसको अपनी भी ज़रूरत हो,
हर इक बाज़ी में दिल की हार हो, ऐसा नहीं होता।

तन्हा-तन्हा दुख झेलेंगे महफ़िल-महफ़िल गाएँगे,
जब तक आँसू पास रहेंगे तब तक गीत सुनाएँगे।

आज उन्हें हँसते देखा तो कितनी बातें याद आईं,
कुछ दिन हमने भी सोचा था उनको भूल ना पाएँगे।

तुम जो सोचो वो तुम जानो, हम तो अपनी कहते हैं,
देर न करना घर जाने में वर्ना घर खो जाएँगे।

बच्चों के छोटे हाथों को चाँद-सितारे छूने दो,
चार किताबें पढ़ कर ये भी हम जैसे हो जाएँगे।

अच्छी सूरत वाले सारे पतथर दिल हों मुम्किन है,
हम तो उस दिन राए देंगे जिस दिन धोखा खाएंगे।

किन राहों से दूर है मंज़िल कौन सा रस्ता आसाँ है,
हम भी जब थक कर बैठेंगे औरों को समझाएँगे।

कभी किसी को मुकम्मल जहाँ नहीं मिलता,
कहीं ज़मीं तो कहीं आस्माँ नहीं मिलता।

बुझा सका है भला कौन वक़्त के शोले,
ये ऐसी आग है जिसमें धुआँ नहीं मिलता।

तमाम शह्र में ऐसा नहीं खुलूस[1] न हो,
जहाँ उमीद हो इसकी वहाँ नहीं मिला।

कहाँ चराग़ जलाएँ कहाँ गुलाब रखें,
छतें तो मिलती हैं लेकिन मकाँ नहीं मिलता।

ये क्या अ़जाब[2] है सब अपने आप में गुम हैं,
जुबाँ मिली है मगर हमजुबाँ नहीं मिलता।

चराग़ जलते ही बीनाई बुझने लगती है,
खुद अपने घर में ही घर का निशाँ नहीं मिलता।

---

1. निष्कपटता; 2. दुख/पीड़ा

बदला न अपने आपको, जो थे वही रहे,
मिलते रहे सभी से मगर, अजनबी रहे।

अपनी तरह सभी को किसी की तलाश थी,
हम जिसके भी क़रीब रहे दूर ही रहे।

दुनिया न जीत पाओ तो हारो न ख़ुद को तुम,
थोड़ी बहुत तो ज़ह्न में नाराज़गी रहे।

गुज़रो जो बाग़ से तो दुआ माँगते चलो,
जिसमें खिले हैं फूल वो डाली हरी रहे।

हर वक़्त हर मक़ाम पे हँसना मुहाल है,
रोने के वास्ते भी कोई बेकली[1] रही।

•

देखा हुआ सा कुछ है तो सोचा हुआ सा कुछ,
हर वक़्त मेरे साथ है उलझा हुआ सा कुछ

होता है यूँ भी रास्ता खुलता नहीं कहीं,
जंगल सा फैल जाता है खोया हुआ सा कुछ।

साहिल की गीली रेत पे बच्चों के खेल-सा,
हर लम्हा मुझमें बनता-बिखरता हुआ सा कुछ।

फुर्सत ने आज घर को सजाया कुछ इस तरह,
हर शै से मुस्कुराता है रोता हुआ सा कुछ।

धुँधली सी एक याद किसी क़ब्र की दीया,
और मेरे आसपास चमकता हुआ सा कुछ।

---

1. बेचैनी।

घर से निकले तो हो, सोचा भी किधर जाओगे,
हर तरफ़ तेज़ हवाएँ हैं बिखर जाओगे।

इतना आसाँ नहीं लफ़्ज़ों पे भरोसा करना,
घर की दहलीज़ पुकारेगी ज़िधर जाओगे।

शाम होते ही सिमट जाएँगे सारे रस्ते,
बहते दर्या में जहाँ होगे ठहर जाओगे।

हर नए शहर में कुछ रातें कड़ी होती हैं,
छत से दीवारें जुदा होंगी तो डर जाओगे।

पहले हर चीज़ नज़र आएगी बेमानी[1] सी,
और फिर अपनी ही नज़रों से उतर जाओगे।

1. अर्थहीन।

मन बैरागी, तन अनुरागी, क़दम-क़दम दुश्वारी है,
जीवन जीना सहल न जानो, बहुत बड़ी फ़नकारी है।

औरों जैसे होकर भी हम बाइज़्ज़त हैं बस्ती में,
कुछ लोगों का सीधापन है, कुछ अपनी अय्यारी[1] है।

जब-जब मौसम झूमा हमने कपड़े फाड़े शोर किया,
हर मौसम शाइस्ता रहना कोरी दुनियादारी है।

ऐब नहीं है उसमें कोई, लाल-परी न फूल-गली,
ये मत पूछो वो अच्छा है या अच्छी नादारी[2] है।

1. चालाकी/धूर्तता; 2. ग़रीबी।

कभी-कभी यूँ भी हमने, अपने जी को बहलाया है,
जिन बातों को ख़ुद नहीं समझे, औरों को समझाया है।

मीरो-ग़ालिब के शे'रों ने, किसका साथ निभाया है,
सस्ते गीतों को लिख-लिख कर, हमने घर बनवाया है।

हमसे पूछो इज़्ज़त वालों की इज़्ज़त का हाल कभी,
हमने भी इस शहर में रहकर, थोड़ा नाम कमाया है।

उसको भूले मुद्दत गुज़री लेकिन आज न जाने क्यों,
आँगन में हँसते बच्चों को, बेकारन धमकाया है।

उस बस्ती से छूट के यूँ तो, हर चहरे को याद किया,
जिससे थोड़ी-सी अनबन थी, वो अक्सर याद आया है।

कोई मिला तो हाथ मिलाया, कहीं गए तो बातें की,
घर से बाहर जब भी निकले, दिन भर बोझ उठाया है।

कोई किसी से ख़ुश हो, और वो भी बारहा हो, ये बात तो ग़लत है,
रिश्ता लिबास बनकर, मैला नहीं हुआ हो, ये बात तो ग़लत है।

वो चाँद रहगुज़र का, साथी जो था सफ़र का, था मौजिज़ा[1] नज़र का,
हर बार की नज़र से, रौशन वो मौजिज़ा हो, ये बात तो ग़लत है।

है बात उसकी अच्छी, लगती है दिल को सच्ची, फिर भी है थोड़ी कच्ची,
जो उसका हादिसा है, मेरा भी तजुर्बा हो, ये बात तो ग़लत है।

दरपा है बहता पानी, हर मौज है रवानी, रुकती नहीं कहानी,
जितना लिखा गया है, उतना ही वाक़या हो, ये बात तो ग़लत है।

ये युग है कारोबारी, हर शै है इश्तिहारी, राजा हो या भिखारी,
शोहरत है जिसकी जितनी, उतना ही मर्तबा[2] हो, ये बात तो ग़लत है।

---

1. जादू; 2. प्रतिष्ठा।

सफ़र में धूप तो होगी, जो चल सको तो चलो,
सभी हैं भीड़ में तुम भी निकल सको तो चलो।

यहाँ किसी को कोई रास्ता नहीं देता,
मुझे गिरा के अगर तुम सँभल सको तो चलो।

हर इक सफ़र को है महफ़ूज़ रास्तों की तलाश,
हिफ़ाज़तों की रिवायत[1] बदल सको तो चलो।

यही है ज़िन्दगी कुछ ख़्वाब, चंद उम्मीदें,
इन्हीं खिलौनों से तुम भी बहल सको तो चलो।

किसी के वास्ते राहें कहाँ बदलती हैं,
तुम अपने आपको खुद ही बदल सको तो चलो।

---

1. परम्परा।

अपना घर

हमारे घर को जो भी देखता है रश्क करता है
तुम्हारे नाम से अब भी मेरा चहरा उभरता है
हर इक महफ़िल में हम दोनों बराबर साथ जाते हैं
हमारी कुर्बतों[1] के लोग अफ़्साने बनाते हैं

मेरे कपड़े तुम्हारे हाथ से मौसम बदलते हैं
तुम्हारी चूड़ियों में अब भी मेरे रंग चलते हैं

वही मैं हूँ
वही तुम हो
मगर अब घर की दीवारें
हवा जब सनसनाती है
तो कुछ-कुछ हिलने लगती हैं
पलस्तर छूटने लगता है
दरारें खुलने लगती हैं

1. निकटता

क़ौमी एकता

वो तवायफ़
कई मर्दों को पहचानती है
शायद इसलिए
दुनिया को ज़्यादा जानती है
—उसके कमरे में
हर मज़हब के भगवान की
एक-एक तस्वीर लटकी है
ये तस्वीरें
लीडरों की तक़्रीरों[1] की तरह नुमाइशी नहीं
उसका दरवाज़ा
रात गए तक
हिन्दू
मुस्लिम
सिख
ईसाई
हर ज़ात के आदमी के लिए खुला रहता है
खुदा जाने
उसके कमरे की सी कुशादगी[2]
मस्जिद
और
मन्दिरों के आँगन में कब पैदा होगी!

---

1. भाषणों, 2. विस्तार/उदारता।

बेनाम-सा ये दर्द ठहर क्यों नहीं जाता,
जो बीत गया है वो गुज़र क्यों नहीं जाता।

सब कुछ तो है क्या ढूँढती रहती हैं निगाहें,
क्या बात है मैं वक़्त पे घर क्यों नहीं जाता।

वो एक ही चहरा तो नहीं सारे जहाँ में,
जो दूर है वो दिल से उतर क्यों नहीं जाता।

मैं अपनी ही उलझी हुई राहों का तमाशा,
जाते हैं जिधर सब मैं उधर क्यों नहीं जाता।

वो ख़्वाब जो बरसों से न 'चहरा' न 'बदन' है,
जो ख़्वाब हवाओं में बिखर क्यों नहीं जाता।

दर्पण में आँखें बनीं, दीवारों में कान
चूड़ी में बजने लगी अधरों की मुस्कान

मैं क्या जानूँ तू बता, तू है मेरा कौन
मेरे मन की बात को, बोले तेरा मौन

चिड़ियों को चहकार दे, गीतों को दे बोल
सूरज बिन आकाश है, गोरी घूँघट खोल

यूँ ही होता है सदा हर चूनर के संग
पंछी बनकर धूप में, उड़ जाता है रंग।

---

2. पत्रिकाओं; 3. अँधेरों; 4. रचना।

आस्मानी सहीफ़ों के बाद

यहीं कहीं
वो चराग़ भी है
खुली हवा में जो सितारे-सा डोलता है

यहीं कहीं
वो दरख़्त भी है
जो आयतों की ज़बाँ में मौसम से बोलता है

यहीं कहीं
वो ख़याल भी है
जो वक़्त की दूरीयों का उलझाव खोलता है
पता नहीं वो कहाँ है
लेकिन मुझे यकीं है
जो मुद्दतों से है लापता
वो यहीं कहीं है

वो सब किताबें सूराख जिनमें थे उनके रौशन
ज़मीन से आस्माँ पे वापस चली गई हैं
जहाँ से उतरी थीं अब वहीं पर
वो चाँद-सूरज बनी हुई हैं

ज़मीं पे लेकिन
अभी हैं बच्चे

ज़मीं पे लेकिन
अभी हैं माँएँ

ज़मीं पे लेकिन
अभी हैं आँसू
सुना है इनकी तिलावतों[1] में
वो हर्फ़ शामिल हैं
जिनमें पिनहाँ[2] जो गुमशुदा है वो झाँकता है।

1. धर्म-ग्रंथों को पढ़ना; 2. गुप्त/छिपा हुआ।

सबकी पूजा एक-सी, अलग-अलग हर रीत
मस्जिद जाए मौलवी, कोयल गाए गीत

पूजा-घर में मूरती, मीरा के संग श्याम
जितनी जिसकी चाकरी, उतने उसके दाम

सीता-रावण, राम का, करें विभाजन लोग
एक ही तन में देखिए, तीनों का संजोग

माटी से माटी मिले, खो के सभी निशान
किसमें कितना कौन है, कैसे हो पहचान

सात समुन्दर पार से कोई करे व्यापार
पहले भेजे सरहदें, फिर भेजे हथियार।

चाकू काटे बाँस को, बंसी खोले भेद
उतने ही सुर जानिए, जितने उसमें छेद।

किससे पूछे रास्ता, गल्ला बिछड़ी भेड़
अपनी छाया ओढ़ के, सो गए सारे पेड़।

मैं था अपने खेत में, तुझको भी था काम
मेरी-तेरी भूल का, राजा पड़ गया नाम।

•

दुख तो मुझको भी हुआ, मिला न तेरा साथ
शायद तुझमें भी न हो, तेरी जैसी बात !

इक पलड़े में प्यार रख, दूजे में संसार
तोले ही से जानिए, किसमें कितना भार।

चाहे गीता बांचिए, या पढ़िए क़ुरआन
मेरा-तेरा प्यार ही, हर पुस्तक का ज्ञान।

वो सूफ़ी का क़ौल हो, या पण्डित का ज्ञान
जितनी बीतें आप पर, उतना ही सच मान।

चिड़िया ने उड़के कहा, मेरा है आकाश
बोला शिखरा डाल से, यूँ ही होता, काश।

ले के तन के नाप को, घूमे बस्ती-गाँव
हर चादर के घेर से, बाहर निकले पाँव।

दुख की नगरी कौन-सी, आँसू की क्या ज़ात
सारे तारे दूर के, सबके छोटे हाथ।

स से नि तक सात सुर, सात सुरों में राग
उतना ही संगीत है, जितनी तुझमें आग।

•

बच्चा बोला देखकर, मस्जिद आलीशान
अल्ला तेरे एक को, इतना बड़ा मकान।

अन्दर मूरत पर चढ़े घी, पूरी, मिष्ठान
मन्दिर के बाहर खड़ा, ईश्वर माँगे दान।

जादू-टोना रोज़ का, बच्चों का व्यवहार
छोटी सी इक गेंद में, भर दें सब संसार।

छोटा करके देखिए, जीवन का विस्तार
आँखों भर आकाश है, बाँहों भर संसार।

मैं रोया परदेस में, भीगा माँ का प्यार
दुख ने दुख से बात की, बिन चिट्ठी बिन तार।

बहनें चिड़ियाँ धूप की, दूर गगन से आएँ
हर आँगन मेहमान सी, पकड़ो तो उड़ जाएँ।

आँगन-आँगन बेटियाँ छाँटी-बाँटी जाएँ
जैसे बालें गेहूँ की, पकें तो काटी जाएँ।

घर को खोजें रात-दिन, घर से निकले पाँव
वो रस्ता ही खो गया, जिस रस्ते था गाँव।

•

चीखे घर के द्वार की लकड़ी हर बरसात
कटकर भी मरते नहीं, पेड़ों में दिन-रात।

रस्ते को भी दोष दे, आँखें भी कर लाल
चप्पल में जो कील है, पहले उसे निकाल।

ऊपर से गुड़िया हँसे, अन्दर पोलमपोल
गुड़िया से है प्यार तो, टांकों को मत खोल।

मैं भी यात्री तू भी यात्री, आती-जाती रेल
अपने-अपने गाँव तक, सबका सबसे मेल।

युग-युग से हर बाग़ का, ये ही एक उसूल
जिसको हँसना आ गया वो ही मट्टी फूल।

सुना है अपने गाँव में, रहा न अब वह नीम
जिसके आगे माँद थे, सारे वैद-हकीम।

बूढ़ा पीपल घाट का, बतियाये दिन-रात
जो भी गुज़रे पास से, सर पे रख दे हाथ।

पंछी मानव, फूल, जल, अलग अलग आकार
माटी का घर एक ही, सारे रिश्तेदार !

•

सातों दिन भगवान के, क्या मंगल क्या पीर
जिस दिन सोये देर तक, भूखा रहे फ़क़ीर।

सीधा-सादा डाकिया, जादू करे महान
एक ही थैले में भरे, आँसू और मुस्कान।

जीवन के दिन-रैन का, कैसे लगे हिसाब
दीमक के घर बैठकर, लेखक लिखे किताब।

मुझ जैसा इक आदमी मेरा ही हमनाम...!
उल्टा-सीधा वो चले, मुझे करे बदनाम।

□□